Découvrez l'histoire par les archives de presse

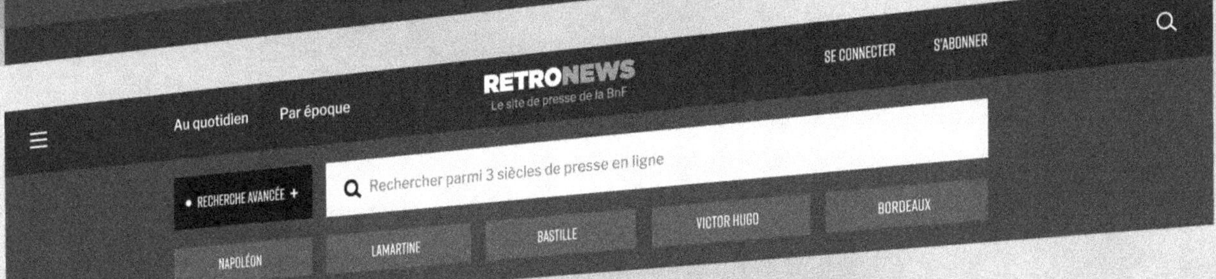

RETRONEWS
Le site de presse de la BnF

www.retronews.fr

REVUE DE MÉTAPHYSIQUE ET DE MORALE

Revue de 1914   Année 22

SUPPLÉMENT

Ce supplément ne doit pas être détaché pour la reliure.

(N° DE JANVIER 1914)

LIVRES NOUVEAUX

Le Rythme du Progrès, *Étude sociologique*, par Louis Weber. 1 vol. in-8, de xiv-311 p., Paris, Alcan, 1913. — Auguste Comte considère l'évolution du genre humain, interprétée en termes intellectuels, comme ayant commencé par le fétichisme et la théologie, continué par les fictions de la métaphysique, et venant s'achever à la science positive. M. Louis Weber n'aime pas une philosophie de l'évolution qui assigne au progrès un terme où celui-ci doive finir par mourir : l'évolution est, par essence, indéfinie. Il n'admet pas davantage que le fétichisme soit le stade initial de l'évolution intellectuelle. Ni la psychologie individuelle ni l'observation des peuples primitifs, ne nous autorisent à l'affirmer. Le fétichisme est déjà un système explicatif des choses, une « métaphysique ». Or « comprendre » est un acte intérieur, que nous ne jugeons chez autrui que par la parole ou les actions visibles. Cet acte intérieur, c'est l'intelligence prenant conscience de sa fonction pratique. Sa fonction explicative suppose préalablement donnée une *matière* sur laquelle elle peut s'exercer, c'est-à-dire un système de représentations et d'idées que l'action même, l'action intelligente, a contribué à former » (p. 87). L' « intelligence explicative » — et sous cette rubrique il faut faire rentrer la théologie, la métaphysique, la science abstraite — suppose l'existence antérieure de l' « intelligence agissante », orientée vers l'action. L'homme a été fabricant d'outils avant d'être fabricant de systèmes; « positiviste » ou « pragmatiste » pourrait-on dire, avant d'être théologien, métaphysicien ou savant. D'ailleurs, la pensée « spéculative », la « pensée de réflexion »,

s'égare, divague, dès qu'elle perd sa base solide, se détache du matériel technique que lui fournit le travail de l'intelligence pratique. « Au lieu de la division en science pure et science appliquée, qui est artificielle, et qui n'est d'accord avec les faits que dans un petit nombre de cas, observés de nos jours, où l'on voit l'industrie mettre à profit certaines découvertes théoriques, il serait plus conforme à l'histoire de distinguer, dans le progrès de la connaissance et de la réflexion, deux tendances et deux courants : une tendance vers l'utilisation de la matière et une tendance vers la compréhension de l'être; un courant de technique et un courant de pensée réfléchie, qui s'entrecroisent et se balancent sans toutefois jamais fusionner entièrement, dont les apports combinés constituent le savoir total, et dont la double impulsion engendre et règle le progrès d'ensemble de l'intelligence » (p. 136).

Dans une série de chapitres, qui visent moins à imposer un système qu'à suggérer les solutions possibles d'une série de problèmes très complexes, M. Louis Weber essaie de montrer comment se laisserait interpréter le progrès de l'intelligence humaine, alternativement pratique et spéculative. D'abord, l'homme, à peine différent physiologiquement des autres animaux, se différencie d'avec eux non pas en ce qu'il se fait une religion, mais en ce qu'il fabrique des outils, instruments tranchants, instruments perforants, et découvre l'utilisation du feu. Mais il ne faut pas croire que le progrès de la pensée se développe continûment à partir de ces premières inventions. *L'homo faber* découvre un « outil » nouveau, qui est d'une importance sans pareille, le langage; et cet outil offre des caractères extraordinaires, qui fascinent l'inventeur. « Le geste et la parole sont des agents dont l'efficacité se traduit par son seul résultat, *sans véhicule sensible*... Cette causalité introduit dans l'imagination un élément nouveau, *sui generis*, irréductible aux phénomènes matériels, et cet élément, c'est l'élément spirituel, « ce qui agit sans corps » : « la causalité interhumaine ou intersociale, sur laquelle se concentre dès lors, l'attention des individus les plus intelligents, relègue au second plan la causalité mécanique » (p. 151). L'homme se met à spéculer sur les mots, à les transfigurer en idées, à créer des systèmes religieux, à constituer, au temps de la Grèce antique, la science abstraite, lorsque les mots sur lesquels il spécule sont les mots dont il se sert pour compter. La métaphysique hellénique, la scolastique chrétienne, sont les dernières formes du développement de la spéculation rationnelle des Grecs. Viennent, en réaction contre Pythagore autant que contre Aristote ou saint Thomas, les temps modernes, où l'activité technique prend de nouveau, comme aux temps primitifs, le dessus sur l'activité spéculative de l'esprit humain. Les lecteurs de la *Revue de Métaphysique et de Morale* connaissent ce dernier chapitre du livre, où M. Louis Weber essaie de définir, à la lumière de sa philosophie de l'histoire, la crise actuelle de la pensée humaine, conflit non pas « entre la raison et la foi », mais « entre la raison et la science ». « Le positivisme, sous toutes ses formes, ainsi que le pragmatisme récent sont des manières diverses d'exprimer le sentiment des difficultés où se débat la philosophie » (p. 290).

Tel est, bien brièvement, trop brièvement résumé, ce curieux ouvrage. Nous ferions des réserves au sujet d'un chapitre où M. Louis Weber semble vouloir donner pour base à sa philosophie de l'histoire une prétendue loi physique du rythme universel. Nous doutons que « l'alternance des générations chez les mousses et les fougères » soit de nature à apporter la moindre confirmation aux vues sociologiques de l'auteur; et nous nous référons volontiers, pour faire ces réserves, aux principes « criticistes » qui guidaient la pensée de M. Louis Weber dans ses précédents ouvrages. Mais, à vrai dire, cette théorie cosmologique du rythme offre-t-elle, dans le présent ouvrage, une telle importance? La preuve que non, c'est que, dans notre analyse, nous avons pu faire sauter le chapitre, sans nuire, croyons-nous, à aucune des idées essentielles de M. Louis Weber.

On pourra demander encore si M. Louis Weber a défini, avec toute la précision désirable, les deux formes d'activité intellectuelle qu'il oppose l'une à l'autre : s'agit-il d'une différence de nature, ou seulement d'une différence d'orientation? D'ailleurs, ces deux manifestations de notre activité, l'une intéressée, l'autre désintéressée, se soutiennent, s'appellent l'une l'autre; et M. Louis Weber, qui le reconnaît expressément, n'établit-il pas, afin de rendre sa philosophie de l'histoire plus frappante, une séparation trop radicale entre d'immenses périodes où l'une des deux tendances réussirait à complètement étouffer l'autre? L'homme n'a jamais été plus technologique qu'aujourd'hui : a-t-il jamais été plus audacieusement spéculatif? Mais ce sont ici des réserves plus que d'objections : elles ne nous empêchent pas d'être reconnaissants à M. Louis Weber pour avoir découvert une de ces oppositions de termes, ou de catégories, qui peuvent guider bien des recherches, éclairer bien des problèmes. Les sociologues discuteront sans doute la théorie suivant laquelle le phénomène, le « miracle » du langage serait à l'origine du phénomène religieux. Qu'il nous suffise, à nous qui ne sommes pas sociologues, de constater, en attendant, qu'elle mérite l'attention. Les réflexions de M. Louis Weber, dirions-nous volontiers, constituent une réaction utile contre cette obsession du « social » qui, si elle envahissait toute la sociologie moderne, finirait par paralyser la science, après avoir, pour un temps, stimulé l'esprit de découverte; elles constituent, dirions-nous encore si nous ne craignions de faire tort à l'originalité du livre, une tentative pour qualifier, sous l'influence d'idées pragmatistes, certaines exagérations du sociologisme durkheimien.

Les Principes de l'Analyse mathématique. *Exposé historique et critique.* PIERRE BOUTROUX. t. I, 1 vol. in-8° de 544 p. Paris, Hermann, 1914. — L'important ouvrage que publie M. P. Boutroux comprendra deux volumes. Le tome premier vient de paraître. La *Revue de Métaphysique* consacrera une étude approfondie au travail de M. Boutroux après la publication du second volume. La présente note n'a donc pour but que de signaler au public philosophique et scientifique cet ouvrage considérable. Mathématicien éminent et pénétrant philosophe, nul n'était mieux préparé que M. P. Boutroux pour entreprendre un exposé historique et critique des théories mathématiques élémentaires. On a longtemps cru que l'exposition des éléments des mathématiques devait se faire d'un point de vue purement logique et statique : la science sortait brusquement, et avec son dernier degré de perfection, du cerveau du professeur, comme Minerve en armes de la tête de Jupiter. Mais les inconvénients de ce point de vue trop dogmatique se sont bientôt fait sentir; il est apparu qu'une méthode plus conforme à la nature des choses, une méthode qui tiendrait compte des conditions historiques du développement de la science, et qui n'éliminerait pas systématiquement les éléments intuitifs (procédés de représentation géométrique, etc.) serait préférable. M. Boutroux ne méconnait ni la valeur du point de vue des logiciens « qui fait des mathématiques une école sans pareille de raisonnement » ni l'importance de la conception intuitionniste « qui unit la science pratique à la science théorique et sauve cette dernière du discrédit qui la menace ». Il caractérise de la manière suivante la méthode qu'il a adoptée. « Ce sont les faits mathématiques étudiés objectivement et pour eux-mêmes, qui retiendront notre attention, plutôt que les procédés souvent artificiels par lesquels ces faits sont découverts et contrôlés... Le présent tome contient tout ce qui a trait aux éléments de l'arithmétique, de la géométrie et de l'algèbre, y compris le calcul des dérivées et la théorie élémentaire des équations différentielles... Si le présent livre prétend être un exposé systématique de la science — et qui dit systématique, dit jusqu'à un certain point subjectif — si (nous l'espérons du moins) il remue quelques idées et invite à la réflexion philosophique, son premier objet n'en est pas moins de fournir des renseignements objectifs et de servir de répertoire aux débutants en mathématiques. » M. P. Boutroux a dissimulé discrètement derrière les faits ses préoccupations philosophiques, mais ces préoccupations existent cependant. Dans la zone un peu confuse qui s'étend aux confins de la science, les problèmes philosophiques surgissent nécessairement. Malgré son caractère nettement objectif, l'ouvrage de M. P. Boutroux donne l'impression — ne serait-ce que par les indications historiques — qu'il y a un esprit derrière les faits, un esprit qui les dépasse puisqu'il est essentiellement esprit de recherche. Après la lecture du livre de M. P. Boutroux la science n'apparait pas comme un système logique fermé, mais comme un organisme qui se développe incessamment et qui, par suite, doit rester en contact avec l'expérience et aussi avec une pensée moins rigoureuse que la pensée logique, avec une pensée toute chargée d'éléments disparates: intuitions, images, ... et grosse des découvertes futures.

Les premières pages du livre I, consacré aux nombres, intéresseront particulièrement les philosophes. Signalons également le début du chapitre II : les grandeurs géométriques et le calcul, et le chapitre IV où est étudié le calcul combinatoire. Mais c'est certainement aux chapitres I et II du livre deuxième, relatif au calcul algébrique, que l'on découvre toute la pensée de l'auteur. « L'état d'esprit du mathématicien, dit-il, qui entreprend d'étudier les fonctions pour elles-mêmes est quelque chose de nouveau en Algèbre : il ne s'agit plus de combiner des formules, mais d'analyser a priori, afin d'en déterminer la signification et les lois, les divers modes de correspondance qui peuvent être établis entre des quantités variant simultanément. »

La distinction entre le calcul formel et l'être analytique que l'on étudie en se servant de ce calcul apparaît comme l'une des idées maîtresses de la philosophie de l'auteur. Nombreux, d'ailleurs, sont les problèmes que soulève le présent travail ; mais, nous l'avons dit en débutant, leur examen dépasserait considérablement les limites de cette notice. Nous espérons avoir fait sentir dans ces quelques lignes toute l'importance d'un remarquable ouvrage qui intéressera également les philosophes et les mathématiciens.

La Coutume ouvrière. *Syndicats, Bourses du travail, Fédérations professionnelles, Coopératives. Doctrines et Institutions* par MAXIME LEROY. 2 vol. in-8 de 934 p. Paris, Giard et Brière, 1913. — Le livre de M. Leroy est d'abord un répertoire extrêmement précieux. Il constitue, pour le syndicalisme français, une œuvre d'analyse et de classification qui rappelle — et ce seul rapprochement n'est pas un mince éloge — celle que les Sidney Webb ont dédiée au *Trade-Unionisme*. Comment se forme et s'organise un syndicat — quelles sortes d'obligations il impose à ses membres ou s'impose à lui-même — comment les syndicats se fédèrent, et quels organes se donne leur fédération, — quelles relations ils soutiennent avec le parti socialiste, avec les coopératives — quels sont leurs moyens d'actions propres (boycottage et grève, label, sabotage). M. Leroy précise tous ces points par l'analyse des règles que les ouvriers élaborent, ou les pratiques qu'ils s'imposent, elles-mêmes éclairées par les théories ou les programmes qu'ils formulent.

Mais M. Leroy ne se contente pas de décrire comme du dehors cet ensemble d'institutions. Il en suit le progrès avec la sympathie d'un juriste, d'un juriste qui aime la vie, respecte l'avenir et se réjouit de voir naître des formes juridiques inédites. Le peuple ouvrier, dont la bourgeoisie, souvent, ne veut connaître que les gestes désordonnés, est lui aussi, comme disait Pelloutier, « créateur et inventeur ». Au courant de sa vie il creuse le lit de son droit, tout comme l'ont fait naguère les bourgeois des Communes. Ses Congrès ont conscience de dire le droit. « Ses Syndicats agissent et pensent, malgré le droit civil, en véritables associations publiques qui s'arrogent, sur toutes les choses relevant de la profession, une sorte de souveraineté. Ainsi prend corps, peu à peu, un esprit juridique nouveau : tendance à égaliser les individus, les salaires et les fonctions, en réservant aux collectivités organisées leur pleine faculté de contrôle, en résorbant en elle toute puissance de direction.

M. Leroy nous invite à comprendre la belle nouveauté de cet effort : il ne néglige pas pour autant de le rattacher à une tradition. Il note, chemin faisant, ce que doivent telles tendances du syndicalisme d'aujourd'hui à Blanqui, à Proudhon, voire à Fourier. Il voit renaître, dans les programmes de Griffuelhes ou de Pouget, telles idées déjà chères à l'Internationale d'avant 1870. Bien plus, il rappelle, non pas seulement à propos du socialisme guesdiste, mais aussi bien à propos du syndicalisme le plus émancipé, que les révolutionnaires gardent toujours, tant dans leurs pratiques que dans leur idéologie, beaucoup plus qu'ils ne croient du monde qu'ils maudissent. Visiblement agacé par le lyrisme — et les satires — de quelques apologistes un peu tranchants, il rétablit la continuité entre des termes qu'on disjoignait à plaisir : le mouvement qu'il décrit en juriste, il l'explique en historien.

C'est d'ailleurs un historien à qui la philosophie n'est pas étrangère. Lorsqu'il rencontre telle « thèse » à la mode, il ose réagir, et la ramener à la juste mesure. C'est ainsi qu'il dénonce (vol. II, p. 547-550) ce qu'il y a d'imprécis dans la théorie ajustée par « le religieux, M. Georges Sorel » à la tactique ouvrière, la théorie du « mythe » de la grève générale. Ailleurs (vol. II, p. 842, 853) il signale les exagérations et le danger des réquisitions portés contre l'intelligence constructive au nom des intuitions qui jailliraient de l'action ouvrière elle-même.

Remarques jetées en passant, et qui laissent un peu indécises, à vrai dire, les positions de M. Leroy entre l'intellectualisme et le pragmatisme. De même, dans la partie historique, certaines filiations (celle qui irait par exemple de Fourier au Syndicalisme en passant par Proudhon et l'Internationale) sont indiquées plutôt qu'établies. Dans la partie descriptive elle-même on aperçoit des lacunes assez graves : par exemple, dans le chapitre sur l'Internationalisme ouvrier et les obligations internationales, pourquoi M. Leroy n'a-t-il pas noté le curieux mouvement par lequel nos syndicalistes, se heurtant aux résistances ou aux lenteurs de leurs camarades étrangers, ont été amenés à se replier en quelque sorte sur eux-mêmes, à retrouver leur caractère national, et à se faire gloire de leur « méthode française » ?

Tel quel, ce *Corpus*, œuvre de juriste, d'historien et de philosophe, est une œuvre trois fois intéressante. Nous avons l'intention de consacrer à l'ouvrage une étude plus approfondie.

L'Espèce et son Serviteur, par A. Cresson, 1 vol. in-8 de 347 p., Paris, Alcan, 1913. — Le serviteur de l'espèce, c'est l'individu. Non seulement, comme chacun sait, dans le monde animal, les individus sont organisés en vue de la conservation et de la prospérité de l'espèce à laquelle ils appartiennent, mais en outre les opérations à la faveur desquelles l'espèce se conserve et se développe semblent se faire toutes plus ou moins *aux dépens* des individus qui les exécutent. Le monde végétal donne aussi un spectacle analogue, quoique moins frappant. Dans la première partie du livre, M. Cresson établit cette thèse sur de nombreux exemples, empruntés à Darwin, à Brehm, à l'entomologiste Fabre, notamment. Les faits qu'il rassemble montrent bien que tous les actes successifs de la reproduction, depuis l'accouplement jusqu'à l'élevage des jeunes, sont pour l'individu un labeur absorbant, tyrannique et épuisant, dans lequel il s'oublie lui-même et perd fréquemment le sens de sa propre conservation. Mais il ne suffit pas de constater ainsi le « labeur pour l'espèce ». Pour en comprendre toute la portée il y a lieu d'étudier les procédés au moyen desquels la nature obtient des adultes l'attitude nécessaire au bien de leur type, c'est-à-dire, pour parler un langage plus moderne, les adaptations à la fonction reproductrice. Ici, l'ingéniosité de la nature est sans pareille. Chez les êtres inconscients, comme les végétaux, elle a varié, de toutes manières les structures

les appareils de protection, les méca-
nismes automatiques qui facilitent la
fécondation, la conservation ou bien la
diffusion des germes. Chez les espèces
conscientes, la nature a usé de politique
et de ruse. Elle a fait naître des besoins
et des instincts qui tendent à faire obéir
les individus à ses fins avec l'illusion
qu'ils travaillent pour eux-mêmes. Bref,
l'espèce tend à subjuguer l'individu. « La
nature le triture en vue des besoins de
son type. S'il est conscient, elle l'illu-
sionne, elle l'aveugle, elle l'accapare, et
elle le fait si bien qu'elle finit par transformer l'axe de son égoïsme. » Par des
exemples nombreux, bien choisis, la thèse
que Schopenhauer déduisait analytique-
ment des principes mêmes de sa métaphysique, se trouve de la sorte appuyée
sur les faits et démontrée d'une manière
concrète. Nous n'y contredirons pas. Il
est exact que la fonction reproductrice
est une lourde charge pour l'individu,
qui semble se sacrifier en l'accomplis-
sant. Il est exact que les instincts
sexuels, les sentiments paternels et mater-
nels, et même parfois les sentiments
altruistes, ne s'expliquent qu'en tant qu'ils
contribuent à la conservation et au développement de l'espèce, et qu'ils sont souvent une duperie pour l'individu, un
inconvénient, une gêne, un danger, dont
il ne s'aperçoit pas, sous l'empire des
illusions de l'instinct, de l'appétit et du
sentiment.

De l'altruisme à la moralité, il n'y a
qu'un pas, et l'auteur n'hésite point à le
franchir. La conscience morale, le sentiment de l'obligation morale sont des
formes, sans doute infiniment élevées et
respectables, de représentation et de
tendances qui ne peuvent s'expliquer
biologiquement que comme des modalités
du phénomène général de l'adaptation.
« Aujourd'hui subsiste encore, très souvent, un conflit entre ce que nous dési-
rons pour nous-mêmes et ce que l'intérêt
de notre espèce veut que nous exécutions.
Nous sentons alors, en agissant, que nous
nous contraignons et nous avons le sentiment que nous accomplissons un devoir »
(p. 341). Mais si l'évolution se poursuit
dans le sens où elle est déjà commencée,
un jour viendra où le sentiment de contrainte disparaîtra et où l'exercice de la
vertu sera pour tout homme la plus vive
des jouissances, les actions immorales,
par contre, les pires des tourments.
Ainsi, plus l'évolution se poursuit, plus
l'individu devient le serviteur joyeux de
l'espèce, et la même loi semble régir
aussi bien l'homme que l'animal, les plus
hautes manifestations de la moralité

comme les variétés les plus humbles de
l'instinct.

Nous n'entreprendrons pas de discuter
cette conclusion de philosophie natura-
liste. Les difficultés d'interprétation du
progrès moral au point de vue de l'évolution en général nous paraissent, en réalité, insurmontables. On ne s'en tire qu'en
distinguant, dans l'action morale, le
« conformiste » et le « non-conformiste »
(p. 208). Le premier sert la société,
puisque celle-ci repose sur la tradition,
sans aucun doute : mais le second ? Comment Socrate sert-il la société athénienne ?
Parce que, répond-on, sa notion supérieure du devoir correspond à une forme
plus évoluée de société, qui doit suc-
céder à la forme existante. Son acte de
novateur est d'abord un danger, un mal
et un trouble (p. 227). Mais finalement, il
rend service au groupe, et, dès lors, à
l'espèce. Bref, le novateur, en morale,
ne se justifie que comme un rouage
du vaste mécanisme d'adaptation qui
régit la nature entière. Il en faut conclure que le critère définitif de l'acte
moral c'est l'utilité. Mais comme, pour
être juge de cette utilité, il nous faudrait
une expérience et une prescience pour
ainsi dire infinies, lorsqu'il s'agit des
problèmes moraux infiniment complexes
aux prises avec lesquels nous nous trou-
vons presque chaque jour, c'est à une
conclusion de pur scepticisme moral que
l'on aboutit, semble-t-il.

**La Culture morale aux divers de-
grés de l'Enseignement public**, par
ArthurBauer. Ouvrage couronné par l'Institut, avec extraits du rapport de M. Gabriel Compayré, 1 vol. in-8 de 261 p. Paris,
Giard et Brière, 1913. — Cet ouvrage répond à une question proposée par l'Académie des Sciences morales et politiques
et a obtenu le prix. C'est une longue dissertation d'un genre mi-philosophique,
mi-littéraire, où la plupart des lieux communs pédagogiques sont entrelacés par
une plume diserte aux plus aimables fleurs
de la rhétorique. Les opinions soutenues,
les préceptes donnés d'un ton d'autorité
ferme et douce, se situent constamment
au juste milieu, et même les innovations
proposées portent le cachet de l'esprit le
plus résolument sage, conciliant et con-
servateur. Une telle œuvre, incapable de
surexciter les passions qui désunissent,
est fort propre à mériter l'unanime appro-
bation d'un jury : La preuve en est dans
les élogieuses appréciations du rapport
de M. Gabriel Compayré, dont l'auteur
a bien voulu nous communiquer dans
son introduction les passages saillants.
Les qualités de cet ouvrage sont d'ail-

leurs difficilement compatibles avec celles qui auraient pu le rendre utile soit aux éducateurs, soit aux spécialistes au courant du mouvement pédagogique. Les faits et les questions sont aperçus de loin et pliés aux cadres d'une dissertation bien construite; en sorte qu'ayant lu, si l'on ne se trouve pas fort instruit, on n'éprouve du moins aucune impression de fatigue.

Croyances, par Urbain Mengin, 2ᵉ édition. 1 vol. in-12, de x-266 p., Paris, Fischbacher (s. d.). — C'est un petit livre de « morale vécue », d'une morale de bonté et d'amour, où sont d'abord agitées des questions métaphysiques intéressant l'inspiration générale de la vie morale, où sont ensuite présentés les grands cadres sociaux des devoirs. A la simplicité, à la pureté, à l'évidente loyauté de cette pensée il est difficile de refuser la sympathie. D'autre part l'auteur nous avertit lui-même qu'il n'a aucune prétention à l'originalité philosophique. Cependant, lors même qu'on ne pretend pas l'instruire, encore faut-il, pour inspirer l'action, centrer l'émotion et le vouloir à l'aide de suggestions nettes et fortement synthétiques, soit par des moyens rationnels, soit par des moyens d'art. On ne voit guère de telles suggestions surgir de ces pages, où la sincérité et la qualité du sentiment ne compensent pas le défaut de décision philosophique et de parti pris social.

A travers l'Œuvre de M. Ch. Maurras, par Pedro Descoqs, S. J., 3ᵉ édition entièrement refondue, 1 vol. in-16 de xxiv-473 p., Paris, Beauchesne, 1913. — Du même auteur : **Monophorisme et Action française**, 1 vol. in-16 de xi-168 p., Paris, Beauchesne, 1913. — La polémique soulevée parmi les catholiques français par le livre de M. Descoqs sur Maurras fait, dans le domaine des idées politiques, pendant a celle que M. de Tonquédec a engagée contre M. Blondel sur le terrain de la pure théologie. M. Descoqs soulève, lui aussi, dans le même esprit que M. de Tonquédec, la question théologique, l'opposition entre l'intrinsécisme et l'extrinsécisme; il serait inutile d'y revenir, et nous renverrons le lecteur au numéro de septembre de la *Revue de Métaphysique et de Morale*. Qu'il nous soit cependant permis de remarquer que les adversaires du modernisme, tels que MM. de Tonquédec et Descoqs, se plaisent à montrer que les modernistes, du type Laberthonnière et Blondel versent dans l'intrinsécisme ou l'immanentisme absolu. Ils rejettent en même temps, pour leur propre compte, l'accusation d'extrinsécisme ou de « monophorisme » excessif

que leur adressent les modernistes. Ils affirment qu'ils sont seuls à suivre la voie moyenne, qui est la voie royale, la voie catholique par excellence. Opposition curieuse et suggestive! Que la voie moyenne soit, en principe, la voie catholique, il ne peut y avoir doute à ce sujet. Mais les adversaires du modernisme négligent deux faits essentiels. C'est tout d'abord que le modernisme, rattaché à ses antécédents historiques, est loin d'être un immanentisme absolu et a, de tout temps, cherché, au cours du xixᵉ siècle, la voie moyenne. C'est ensuite que, par la vigueur et l'éloquence avec lesquelles il défend, en ses affirmations légitimes, le point de vue de l'immanence, il est le correctif indispensable de l'ancienne théologie française, trop intellectualiste et extrinséciste. Ainsi sont donnés, en France, les éléments d'une refonte intégrale de la pensée catholique. Mais les partis en présence ne peuvent s'entendre. *Membra disjecta poetæ!*

Il nous faut revenir à la question politique. M. Descoqs avait publié un livre sur M. Maurras. Il étudiait ses idées essentielles, sa passion dominante de l'ordre, sa lutte contre l'individualisme démocratique. Il négligeait sans doute, à notre sens, de montrer que nombre d'idées germaniques, sous les noms fallacieux d'organisme vivant et de vie corporative, se sont subrepticement glissées en l'œuvre de ce pur nationaliste français, disciple de Taine et, par là même, tributaire de la pensée allemande. M. Descoqs montrait ensuite l'analogie qui existe entre les principes de M. Maurras et ceux du catholicisme, du catholicisme social en particulier. Il insinuait qu'un accord pouvait se produire entre catholiques et incroyants de l'Action Française sur les « résultats » à obtenir. A l'appui de sa thèse, M. Descoqs invoquait le dogme catholique lui-même, cette affirmation que la raison d'un Maurras peut, sans le secours de la révélation, atteindre les vérités « naturelles »! (p. 192). M. Maurras veut le triomphe de l'Eglise dans la société. Or ce triomphe n'équivaut-il pas à celui de Christ dans les âmes? L'apologétique catholique ne peut-elle utiliser l'apport des théories de l'Action française? (p. 278). Pour atténuer la thèse, M. Descoqs terminait toutefois par une critique des théories de M. Maurras. Mais il concluait encore en montrant que M. Maurras, malgré les éléments de « décomposition » contenus dans ses théories, répand nombre d'idées salutaires, que c'était beaucoup, à l'heure actuelle, d'avoir une doctrine politique cohérente, que l'ordre

« naturel » préconisé par M. Maurras est le vrai, que la société civile est bien une « hiérarchie » où l' « autorité » joue son rôle.

On connaît la réponse de MM. Laberthonnière et Blondel (voir Abbé Laberthonnière, *Positivisme et Catholicisme*, 1911 et Testis, *Annales de l'Philosophie chrétienne*, mars 1910). C'est à ces adversaires que M. Descoqs répond dans son opuscule *Monophorisme et Action française*. Sa réponse à Testis contient des objections d'ordre théologique sur lesquels, encore une fois, nous n'avons pas à revenir. Mais M. Descoqs précise, à cette occasion, le sens qu'il a entendu donner à l'entente entre catholiques et incrédules de l'Action française. Il s'agit non d'une « alliance », mais de « rencontres » entre gens qui apportent, de côtés différents, des « madriers » pour la reconstruction de l'Eglise, rencontres qui n'excluent pas de graves conflits, mais qui n'impliquent pas la « défaillance totale » dont parle Testis. M. Descoqs insinue que M. Blondel-Testis fait avec l'incrédule Jules Payot une alliance qui n'est pas sans analogie avec celle des catholiques sociaux et de l'Action française. Ici la polémique devient personnelle et ces querelles assez vaines n'intéressent plus le fond du débat. — La réponse à l'abbé Laberthonnière concerne la question des rapports entre l'Eglise et l'Etat. Elle nous montre avec précision les dissentiments qui séparent le modernisme et ses adversaires dans l'ordre des idées politiques. La thèse de M. Laberthonnière est que l'Eglise est une réalité d'ordre spirituel et intérieur, bien que visible, qu'elle n'a pas à compter sur l'appui de la société, qu'elle ne sera jamais triomphante dans le monde, que l'Etat n'a pas à lui donner le secours de sa force. Contre cette thèse qui est la vraie, M. Descoqs rappelle les idées de l'Eglise sur le recours à la force, le droit du glaive, l'union intime de l'Etat et de l'Eglise, la nécessité pour l'Eglise d'être reconnue comme religion d'Etat. Si l'Eglise renonce à la contrainte extérieure, c'est en « pratique » seulement. Le libéralisme de M. Laberthonnière, l'Eglise libre dans l'Etat libre, est inacceptable aux yeux de M. Descoqs. La portée du débat est évidente. Les partis en présence ont tous deux recours à la même tradition. Elle est assez riche pour leur fournir des arguments opposés. Mais comment ne pas voir qu'à l'heure actuelle la thèse de MM. Blondel et Laberthonnière est la seule admissible, la seule capable de régénérer le catholicisme français?

Introduction à la Physique aristo- télicienne, par Auguste Mansion. (*Aristote, traductions et études :* collection publiée par l'Institut supérieur de philosophie de l'Université de Louvain.) 1 vol. in-8 de ix-209 p., Louvain et Paris, Alcan, 1913. — L'Université de Louvain continue exécuter son plan d'une édition commentée d'Aristote. Après la traduction du premier livre de la *Métaphysique*, publiée par G. Colle, voici une introduction générale à la *Physique* d'Aristote. Cette introduction consiste essentiellement en une analyse détaillée des deux premiers livres de la *Physique* (p. 13). C'est en effet dans ces deux livres qu'Aristote expose le plus clairement sa conception de la Nature et de la science qui s'y rapporte. Cette analyse est exacte et consciencieuse, et l'auteur est informé des différents travaux relatifs à la physique d'Aristote. Il fait un usage judicieux des commentaires scolastiques. D'après M. Mansion, la philosophie d'Aristote est une philosophie du concept dans laquelle cela seul est intelligible qui est nécessaire. Or le monde physique est celui du changement, c'est-à-dire de la contingence. Par suite une part considérable du réel échappe aux prises de l'intelligence. L'originalité d'Aristote réside dans l'effort qu'il fait pour limiter autant que possible la part de l'inconnaissable. Les natures physiques ou formes des substances matérielles ont une fixité suffisante pour « servir de support au système idéal que doit être la conception philosophique du monde » (p. 199). Tantôt Aristote envisage le changement qui se produit entre deux ou plusieurs points de repère fixes et, de la sorte, il établit sa théorie du mouvement; tantôt il considère le système total des formes, la Nature, et il en décrit la coordination harmonieuse. Il est clair du reste que dans le deuxième cas la connaissance que nous prenons du changement est simplement analogique (p. 201). Le caractère qualitatif de la physique d'Aristote s'explique par l'ambiguïté du terme de qualité qui peut désigner soit le principe de la détermination la plus complète (la différence spécifique) soit au contraire les accidents, principes de la contingence.

Livre parfois obscur, où abondent, à côté de passages excellents, des formules bizarres ou même incorrectes.

Descartes, par Denys Cochin, membre de l'Académie française. 1 vol. in-8, de 279 p. Paris, Alcan, 1913. — Le titre même de l'ouvrage et l'esprit de la collection (*Les Grands Philosophes*) dont il fait partie autoriseraient le lecteur à espérer une étude d'ensemble sur la pensée du philosophe. Et cependant, le livre de M. Denys Cochin, envisagé sous ce point de vue, n'apporte à l'historien contemporain que des déceptions. Les exposés de la doctrine cartésienne qui peuvent s'y rencontrer sont superficiels et vagues; on n'y trouve rien de plus que ce qu'une simple lecture de Descartes révélerait à un lecteur moyennement attentif. Et nous nous exprimons avec modération. En exposant un système où l'ordre des idées joue un rôle prépondérant — à tel point qu'il est difficile de déplacer un seul argument des *Méditations métaphysiques* sans commettre un faux sens — l'auteur intervertit comme à plaisir l'ordre des arguments et des démonstrations. L'exposé du *Cogito* se trouve immédiatement suivi par la thèse de l'immortalité de l'âme et par une analyse de la liberté humaine; la preuve ontologique vient ensuite, et, enfin, la preuve par l'application du principe de causalité à la réalité objective de notre idée de Dieu. Cela reviendrait à placer la quatrième méditation immédiatement après la seconde, en y amalgamant certaines conclusions de la sixième; à exposer ensuite la cinquième méditation pour terminer par la troisième. C'est mettre un tas de pièces anatomiques à la place d'un organisme vivant.

Aussi bien, le dessein avoué de l'auteur n'est-il pas de nous donner un exposé du système cartésien, mais bien plutôt de démontrer cette thèse dogmatique, « que tout le relativisme de Kant a été connu de Descartes, et qu'il s'est dégagé de cette prison intellectuelle par l'effort bien dirigé de l'intelligence elle-même, sans appeler à l'aide la Vie, ou la Nature, ou la Volonté » (p. 8). En disant que tout le relativisme de Kant a été connu de Descartes, M. Denys Cochin pense au doute méthodique et à l'argumentation que couronne l'affirmation du Moi, substance pensante. Comment ne pas apercevoir ce qu'une telle assimilation a d'artificiel? Il faudrait, pour l'admettre, confondre scepticisme et relativisme. Ce qui est vrai, c'est que Descartes et Kant ont connu et dépassé le scepticisme, mais alors que Descartes en sort par le dogmatisme, Kant en sort par le relativisme. La première et la deuxième *Méditations métaphysiques* ne contiennent pas la *Critique de la raison pure*; elles contiennent seulement quelques-unes des difficultés que prétendra résoudre le relativisme kantien. En réalité Descartes n'a rien connu du criticisme de Kant. Alors que la critique kantienne porte sur nos facultés de connaître, celle de Descartes porte uniquement sur la méthode qu'il conviendra de suivre pour en bien user. Non seulement, cela est vrai, mais encore c'est une des pièces fondamentales du système; Descartes lui-même nous avertit à maintes reprises que le doute méthodique s'étend à tout, sauf à notre entendement. Si Descartes avait réellement posé le problème critique, il ne serait rendu impossible l'affirmation du *Cogito*, et c'est le Dr Bourdin qui aurait en raison. Il faut laisser à Kant ce qui appartient à Kant. On peut dire que Descartes a traversé l'idéalisme sans le savoir; on peut encore dire, sauf un certain nombre de réserves, qu'il a consciemment traversé le scepticisme, mais aucun texte ne permet de supposer qu'il ait connu et dépassé le relativisme kantien.

Est-ce à dire qu'il n'y ait aucun profit à retirer du livre de M. Denys Cochin? Telle n'est pas notre pensée. L'auteur aime Descartes; il pense que sa métaphysique intellectualiste résout avec profondeur les problèmes que résolvent moins heureusement nos philosophes contemporains. Sa doctrine du vrai et du bien l'emporte sur le pragmatisme de James ou le sociologisme de M. Durkheim; sa physique rigoureusement mécaniste l'emporte sur le contingentisme de M. Boutroux et l'évolution créatrice de M. Bergson. Ces thèses sont exposées et défendues en quelques chapitres, à la fois sobres et vivants, qui constituent sans aucun doute la meilleure partie du livre (chapitres vi et ix-xiii). On y trouvera des formules heureuses, des comparaisons spirituelles, de bonnes descriptions de tableaux et des allusions discrètes à l'affaire des fiches, comme aussi à l'Affaire, tout court, et encore à M. Clemenceau et à Mgr Montagnini : on peut lire ce livre aimable. Il introduira le lecteur dans la conversation d'un *honnête homme* et d'un esprit parfaitement cultivé; mais il ne fera pas oublier cet autre *Descartes*, si plein d'idées et d'interprétations profondes, écrit en une langue ferme, forte et véritablement cartésienne : celui de notre maître Hamelin, qui ne fut pas membre de l'Académie française.

La Question du « Contrat social ». *Nouvelle contribution sur les rapports de J.-J. Rousseau avec les encyclopédistes*, par Albert Schinz. 1 vol. in-8 de 49 p., Paris, A. Colin (s. d.). — La philosophie politique de Rousseau a donné lieu à des interprétations fort diverses. Tandis que certains critiques, M. Lanson, M. Nourrisson et M. Dreyfus-Brisac notamment, affirment l'unité de l'œuvre, d'autres au contraire parmi lesquels J. Morley, Beaudouin, Champion, croient à une dualité irréductible. La position de M. Schinz est assez nouvelle néanmoins : il pense qu'une évolution s'est produite dans la pensée de Rousseau, mais que, loin de s'exprimer par une succession d'idées hétérogènes, elle aboutit, dans l'édition définitive du *Contrat*, à l'opposition de deux tendances contradictoires. Cette conclusion critique repose d'ailleurs sur la comparaison du manuscrit de Genève et du texte imprimé. Et tout d'abord se pose la question de la date du manuscrit. Dreyfus-Brisac avait en définitive refusé de se prononcer. M. Bertrand le plaçait vers 1754, entre le Second Discours et l'article Économie politique. M. Schinz, au contraire, le situe entre le Premier et le Second Discours. Il est postérieur au premier, parce qu'il développe l'idée, indiquée seulement dans celui-ci, que la civilisation nuit à l'homme. Il est antérieur au second, parce que l'idée de la bonté naturelle n'y est point encore nettement dégagée. Enfin, dans le manuscrit de Genève, Rousseau se montre le disciple, — ou le collaborateur fidèle des Encyclopédistes. C'est en dehors de toute notion religieuse ou morale qu'il s'efforce d'établir le *Contrat social*, et d'expliquer comment la volonté générale peut contraindre les volontés particulières. M. Schinz n'hésite même pas à voir dans Rousseau un continuateur de Hobbes.

Mais plus tard — et somme toute assez rapidement — Rousseau en quelque sorte se retrouve; et c'est alors que, reprenant ses Institutions Politiques pour en tirer le *Contrat social*, il supprime le chapitre sur la société générale du genre humain et ajoute le chapitre sur la Religion civile. L'organisation sociale repose dès lors sur une double base : le Contrat d'une part, la Volonté divine d'autre part. Est-il possible de concilier les deux thèses? Rousseau paraît avoir entrevu la difficulté. Néanmoins, loin d'avoir cherché à la résoudre, il a plutôt tenté de la dissimuler. Il reste néanmoins que le chapitre ajouté constitue, après la Lettre à Voltaire et la Lettre sur les Spectacles, une nouvelle déclaration spiritualiste et une nouvelle manifestation de la divergence d'idées qui existe désormais entre le philosophe genevois et ses anciens amis.

Nous ne saurions entrer dans l'examen approfondi de la thèse de M. Schinz. Nous avouons pourtant que certains arguments nous ont paru plus ingénieux que solides. L'auteur, par exemple, constatant dans le *Contrat* le maintien de certains textes contraires à la théorie qu'il attribue à Rousseau, l'explique par un oubli involontaire de celui-ci. De même il est singu-

lièrement embarrassé par tel passage du manuscrit où Rousseau ayant écrit : « Si, comme je le crois, les notions du Grand-Être et de la loi naturelle étaient innées » effaça ensuite les mots « comme je le crois ». Dans le même passage enfin, où Rousseau conclut de ce qui précède, que « ce fut un soin bien superflu d'enseigner expressément l'un et l'autre », est-il bien sûr qu'il rejette par là toute espèce d'idée religieuse ou morale, et non pas seulement l'idée d'une révélation religieuse ou morale? Nombre d'autres points appelleraient des objections ou des réserves analogues. L'interprétation de M. Schinz n'en est pas moins fort intéressante et, somme toute, étayée de nombreuses et fortes raisons. Quiconque voudra étudier cet aspect de la philosophie de Rousseau ne pourra se permettre de la négliger.

Schelling, par Émile Bréhier. 1 vol. in-8 de 314 p., Paris, Alcan, 1912. — M. Bréhier a fort bien conçu son ouvrage. Il s'est proposé de suivre, en se réglant sur l'ordre chronologique des œuvres, le mouvement interne de la pensée de Schelling, de le rattacher aux circonstances extérieures sans l'en faire dépendre. Il a rempli avec une parfaite sûreté de connaissances, avec une intelligence remarquable du sens des textes, ce très difficile programme. Il a su ne pas s'asservir à une fidélité littérale, qui aurait certainement déconcerté plus d'une fois le lecteur non initié. Il a accompagné son exposé d'un commentaire perpétuel. Parfois cependant ce commentaire étrique quelque peu la pensée de Schelling et l'empêche de se déployer dans sa liberté et sa magnificence; on ne se douterait pas toujours, à lire M. Bréhier, de l'incomparable virtuosité, de la splendide éloquence qui donnent tant d'éclat à ces spéculations abstraites et qui contribuent à en faire accepter l'audace. Mais ce sont là des qualités dont seule une lecture directe peut donner l'exacte impression. L'important, après tout, c'est de pénétrer jusqu'à la signification des idées de Schelling et, s'il est possible, jusqu'à la détermination des causes qui les ont fait se renouveler sans cesse. Or pour cette tâche d'assimilation et d'explication le livre de M. Bréhier apporte de très précieux secours. Il aurait pu être plus utile encore, si M. Bréhier avait usé d'une langue un peu plus souple et un peu moins chargée. Le sens presque toujours très ferme des interprétations qu'il propose ne se projette pas assez en formules expressives et lumineuses. Mais la familiarité avec la pensée qu'il restitue est en elle-même très intime et parfaitement digne d'obtenir

**

du lecteur tout crédit. En particulier les chapitres consacrés à la doctrine de l'art et à la position des problèmes religieux mettent en lumière, avec beaucoup de vigueur et d'esprit critique, certains aspects importants de la philosophie de Schelling. Sur la façon dont cette philosophie s'est développée, M. Bréhier a dit l'essentiel et l'a dit presque toujours, semble-t-il, avec justesse. Peut-être cependant incline-t-il trop à diminuer l'influence de Fichte sur les premiers écrits de Schelling. Peut-être n'est-il pas tout à fait d'accord avec lui-même quand, après avoir rejeté vivement l'opinion qui voit dans la *Darstellung meines Systems der Philosophie* le commencement d'une période nouvelle, il insiste tant lui-même sur ce qu'à introduit d'original, par rapport même à la philosophie antérieure de la nature, la philosophie de l'identité. Quant à la caractéristique de la pensée de Schelling, elle aurait peut-être gagné à être dégagée davantage de certains rapprochements avec des théories contemporaines; mais elle reste intéressante, et elle marque fort bien par quels caractères le rationalisme *momentané* de Schelling se distingue du rationalisme de Hegel comme son volontarisme *momentané* du volontarisme de Schopenhauer. En somme le livre de M. Bréhier enrichit heureusement la collection, si pauvre encore il y a peu d'années, des ouvrages sérieux et précis qui peuvent initier le public français à la connaissance de la philosophie allemande post-kantienne.

A. Cournot. Souvenirs (1760-1860), précédés d'une introduction par E. P. Bottinelli. 1 vol. in-8 de xxxviii-265 p., Paris, Hachette, 1913. — Il est heureux que les descendants de Cournot aient consenti à cette publication, qui, si elle n'éclaire pas d'un jour nouveau l'œuvre du philosophe, nous renseigne du moins sur les événements et les milieux qui ont entouré la formation de ses idées. La période sur laquelle s'étendent ces *Souvenirs* a été décisive dans l'histoire. Les bouleversements auxquels a assisté Cournot ont été jugés par lui d'une âme sereine et d'un esprit averti. Ses appréciations prudentes et mesurées n'étonneront point. On admirera, de la part de l'idéologue, un sentiment net et juste des besoins de la société moderne, que révèlent, sans prétentions ni longueurs, des phrases comme celle-ci, qui termine le volume : « Tant que l'on ne pourra pas se passer de force politique, il faudra bien la prendre où elle se trouve, selon l'état des esprits et l'organisation de la société. Il faudra renoncer à la trouver dans des arrangements théoriques, dans de pures combinaisons d'idées. » Les méditations auxquelles Cournot employait ses loisirs, sur les plus hauts sujets de la philosophie générale, ne voilaient donc pas à ses yeux la réalité au milieu de laquelle il vivait; et ce sens du réel donne peut-être plus de valeur à sa pensée théorique. En somme, livre attachant, aussi bien pour le philosophe que pour l'historien.

A. Cournot, Métaphysicien de la Connaissance, par E. P. Bottinelli. 1 vol. in-8 de xi-286 p., Paris, Hachette, 1913. — La doctrine de Cournot, selon M. Bottinelli, se situe à égale distance du dogmatisme et du scepticisme, et se ramène à un probabilisme original et nouveau. « Sa pensée s'oppose à l'intellectualisme scientifique; et graduellement, à mesure que ses analyses deviennent plus profondes, il s'achemine vers un vitalisme central qui, du point de vue de la connaissance, justifie son probabilisme rationnel et commande toutes ses positions. »

Ce n'est pas la première fois, croyons-nous, qu'on met ainsi l'accent sur le probabilisme chez Cournot et sur les préférences qu'il avouait pour le vitalisme. On se tromperait peut-être si l'on y voyait une opposition aussi tranchée à l'intellectualisme scientifique. L'expression « intellectualisme » n'est-elle pas ici susceptible de prêter à équivoque? Au point de vue de la connaissance, l'intellectualisme s'oppose surtout à l'intuitionnisme. Au point de vue de l'être, l'intellectualisme s'oppose au volontarisme. L'intellectualisme, chez Cournot, est implicite, et il empêche son probabilisme de dévier vers le scepticisme; il inspire sa critique des notions du sens commun et des idées scientifiques, et si cette critique demeure aujourd'hui encore digne de retenir l'attention, précieuse pour l'histoire de l'épistémologie, elle le doit certainement à la méthode, rigoureusement intellectualiste, dont elle s'inspire et qui la guide constamment.

Mais M. Bottinelli a raison de souligner la valeur et la nouveauté, pour son époque, de la pensée de Cournot. « Son mérite fut de rompre avec une métaphysique close pour proposer une métaphysique ouverte, conçue à la façon d'un art supérieur et rationnel. » Il y aurait peut-être des réserves à exprimer sur l'assimilation, chez Cournot, de la métaphysique à l'art; mais il est incontestable que la métaphysique étroite et l'enseignement officiel ne pouvaient lui suffire et qu'il a puissamment contribué, par ses analyses vigoureuses et pénétrantes, à en dénoncer la fragilité.

Essays, par RAOUL RICHTER. 1 vol. in-16, de 416 p., Leipzig, Félix Meiner, 1912. — Raoul Richter a été, au cours d'une carrière trop brève, l'un des plus sincères, des plus suggestifs et des plus pénétrants penseurs de l'Allemagne. Son premier article date de 1892, sa dernière conférence de 1911 : mais il est au moins deux de ses ouvrages, son livre sur Nietzsche et sa grande étude sur le scepticisme, qui sont et resteront classiques. Les essais réunis aujourd'hui par les soins de Mme Lina Richter sont des articles et des conférences qui marquent en quelque sorte les étapes de la vie littéraire de Richter : en dehors des œuvres de longue haleine qu'il construisait avec patience. Richter aimait à exprimer sous une forme plus libre, et populaire dans le meilleur sens du mot, des pensées également mûries et des sentiments également profonds. Il est tel de ces essais qui vaut un livre, et parfois mieux que beaucoup de livres, et dont il faut se garder de mesurer au petit nombre des pages la réelle et durable valeur.

Dans le premier, intitulé *La Solution du problème de Faust*, il s'attache à définir l'unité profonde du poème de Gœthe, sans méconnaître que ce poème traite un double problème, problème céleste et problème terrestre, problème que Faust pose à Dieu et problème que la vie pose à Faust. L'unité consiste en ce que la solution d'un des problèmes dépend de celle de l'autre, le problème terrestre n'étant que le reflet du problème céleste, le degré de la pureté morale dépendant de la réponse faite à la question de la valeur de la vie. La réponse de Faust est à la fois optimiste et pessimiste; le travail intellectuel ne conduit pas à lui seul à la vérité, au bonheur; l'amour individuel n'y conduit pas non plus, ni l'énivrement du plaisir sensuel; l'idéal suprême est l'idéal de l'action, et l'action la plus haute, comme le vrai bonheur, est pour l'homme de discipliner les forces de la nature. Solution optimiste ou pessimiste, selon que l'ambition humaine se borne à ce que la force humaine finie peut atteindre, ou se tend vers l'impossible, l'infini, le surhumain. — La deuxième étude est consacrée à *la Philosophie morale de Pascal*, la troisième à *la Méthode de Spinosa*. — Les cinq suivantes portent sur la personnalité, la vie et la pensée de *Frédéric Nietzsche*. Richter aperçoit le caractère fondamental de l'œuvre de Nietzsche dans cette sorte d'instinct apostolique qui fit de lui le prédicateur de ses doctrines et le martyr de ses idées : il a donné son existence à la culture comme d'autres l'ont vouée à la religion, il a voulu avant tout éduquer l'humanité, l'éveiller à une vie plus libre et plus audacieuse. Si le philosophe est, selon le mot de Kant, un professeur d'idéal, Nietzsche est un philosophe au sens le plus élevé du mot. L'idéal de Spinosa est le sage, celui de Schopenhauer le saint : l'idéal de Nietzsche, c'est le héros. Il a exercé sur la culture contemporaine la plus décisive action : l'œuvre de Klinger, de Dehmel, de Richard Strauss, est pleine de son influence; il a rendu possible une religion plus pure, plus dégagée des contingences et de l'extériorité des dogmes, des églises et des rites, il a montré la possibilité d'une religion sans culte, sans christianisme, sans au delà, sans Dieu, d'une religion qui affirmerait la vie terrestre au lieu de la nier. Il a été le moraliste de la personnalité, du courage, de la fermeté, de la force, de la joie, du rire, de l'orgueil, de l'inégalité, de la vie. Il a été le philosophe de son temps, le philosophe de l'anthropologie biologique; il a introduit en philosophie les valeurs biologiques et dans la biologie la réflexion philosophique; il a vu dans la vie la valeur suprême. Nous ne pouvons ici résumer en détail ces éloquentes et pénétrantes études sur Nietzsche, mais nous devons les signaler comme d'utiles et importants compléments au livre où l'auteur a décrit et caractérisé l'évolution de la pensée nietzschéenne.

Dans l'essai *Philosophie et Religion* Richter s'efforce de concilier ces deux puissances ennemies en leur assignant à chacune un domaine propre. La philosophie est un effort pour connaître l'unité systématique de l'être. La religion est la position que prennent notre sentiment et notre volonté par rapport à l'ordre de l'univers. L'objet de la religion et de la philosophie est le même : c'est cet ordre systématique des choses. Mais la position de l'homme par rapport à cet objet est bien différente dans la philosophie et la religion, différente comme le vouloir et le connaître. La philosophie est relativement indépendante de la religion, et la religion est relativement dépendante de la philosophie : dans ses résultats et dans ses moyens. Peu importe à la philosophie d'être en accord ou en désaccord avec la religion. L'image du monde que dessine la philosophie, qu'elle considère comme la plus vraie ou la plus vraisemblable, peut paraître ou non désirable, être voulue ou rejetée avec horreur par la religion, subir de la part de cette dernière, telle évaluation qu'on voudra : elle n'en est ni plus vraie ni plus fausse. La religion au contraire dépend dans ses postulats des résultats de la philosophie; elle ne peut se désintéresser de la réalité, de la vérité; elle peut accepter ou condamner le réel, mais elle a besoin de savoir ce qui est réel. « La religion aime et hait, se réjouit et se repent, persuade et prêche; la philosophie observe et recherche, convainc et enseigne. » Pourtant, sous un autre point de vue, la relation se renverse et l'on peut dire également bien que la philosophie est relativement dépendante de la religion et la religion relativement indépendante de la philosophie. En effet, si la philosophie ne pose pas de valeurs par elle-même, elle ne saurait se désintéresser des valeurs que posent en fait les hommes et qui constituent une partie intégrante de l'univers considéré dans son ensemble. Or ces évaluations ne s'expriment nulle part plus profondément que dans les religions. La philosophie dépend donc de la religion dans la mesure où elle emprunte à cette dernière une matière de connaissance, et la religion est indépendante de la philosophie en ce qu'elle est un acte libre de la volonté individuelle.

Ainsi la philosophie est la réaction intellectuelle, la religion la réaction émotionnelle de l'homme en face du système des choses. Mais dans la réalité il n'y a pas de sujets seulement connaissants et de sujets qui veulent seulement; tout sujet est à la fois connaissant et voulant : d'où la possibilité d'un conflit de la religion et de la philosophie dans la vie interne de l'homme. D'autre part, si la religion et la philosophie considérées en elles-mêmes ne sont point ennemies, la philosophie a dû bien des fois lutter contre les formes historiques concrètes de la religion : bien des religions ont prétendu imposer comme révélées des images du monde émanées du sentiment trompeur et de la volonté décevante, oubliant que, si la philosophie laisse en dehors d'elle la création des valeurs, la religion ne saurait en revanche prétendre à la connaissance de la vérité; et que la fin véritable est de purifier la religion de toute philosophie et la philosophie de toute religion pour édifier en dernière analyse la religion sur la philosophie.

Richter aborde un problème non moins délicat de délimitation des concepts en étudiant *l'art et la philosophie chez Richard Wagner*. Dans un autre essai il caractérise la personnalité et résume l'œuvre de *Ludwig Woltmann*, le fondateur de l'anthropologie politique. Puis il apporte une contribution intéressante à l'histoire de la pensée kantienne et à la psychologie de Kant et de Schiller en recherchant *ce que Kant et Schiller ont pensé l'un de l'autre*. Il analyse le poème de Dehmel *Zwei Menschen* considéré comme l'épopée du panthéisme moderne. Il définit enfin avec une élévation de pensée et une largeur de vues tout à fait exceptionnelles *les fins du vouloir et du savoir chez la jeunesse universitaire*.

L'homme qui a écrit ses essais n'était point seulement un penseur profond, un savant historien, et un excellent écrivain : l'on ne peut douter qu'il n'ait été un rare éducateur.

Die Situation auf dem psychologischen Arbeitsfelde, par le Prof. Dr Reinhold Geijer (*Bibliothek für Philosophie*, publiée par Ludwig Stein, t. IV). 1 broch. in-8°, de 90 p., Berlin, Leonhard Simion, 1912. — Le distingué psychologue suédois s'est proposé de définir la « situation régnante dans le champ de l'investigation psychologique ». L'on ne s'étonnera pas que le bilan qu'il dresse enregistre moins de résultats acquis que de problèmes à résoudre, et que l'auteur nous apporte principalement l'énumération et la classification des controverses qui partagent les psychologues. Ces controverses se rapportent, les unes à *l'objet*, les autres à la *fonction*, les dernières enfin à la *méthode* de la psychologie. En ce qui concerne l'objet de la psychologie, elles portent sur sa définition même (science de l'âme ou substantialisme psychologique *versus* psychologie sans âme ou collectivisme), sur le rapport entre l'âme et le corps (matérialisme, dualisme, « duplicisme », monisme immatérialiste, positivisme), la morphologie de la vie psychologique (intellectualisme contre volontarisme, déterminisme contre indéterminisme). En ce qui concerne la fonction de la science psychologique, celle-ci doit-elle être une science empirique, où il n'y aurait place que pour la description et la classification, ou une science s'efforçant d'atteindre à une explication soit ontogénétique soit phylogénétique, soit mécanique soit téléologique; la psychologie peut-elle être au contraire une science spéculative? La psychologie doit-elle attendre son progrès des recherches portant sur l'individu normal et sain, ou doit-elle s'attacher principalement à l'étude de l'individu malade (psychopathologie) ou bien doit-elle, pour des raisons de méthode, porter toute son attention sur les phénomènes psychiques que présentent les collectivités (psychologie des foules, *Völkerpsychologie*)? Enfin, en ce qui concerne la méthode, celle-ci doit-elle être directe et introspective, ou doit-on donner la préférence aux procédés d'investigation indirecte (expérimentation psychophysique, enquêtes, etc.)?

Ce questionnaire peut être considéré comme la table des matières de l'étude de M. Geijer : son livre en donne une illustration intéressante et instructive et pourra servir de guide dans la vaste littérature psychologique. Bien que M. Geijer nous annonce à la dernière page qu'il a pour sa part choisi son parti et qu'il se propose dans un prochain ouvrage d'exposer et d'interpréter le témoignage de l'expérience interne pour l'existence de l'âme, son spiritualisme n'est point venu troubler la sérénité de ses classifications. Il ne serait certes pas impossible de discuter et parfois de critiquer son travail : pour éviter de se perdre dans la multiplicité des nuances évanescentes, des compromis et des tentatives de médiation, M. Geijer s'est en effet tenu en principe à un petit nombre d'exemplaires typiques de chacune des tendances qui divisent les psychologues : or la constitution des types présente dans l'histoire de la philosophie la même difficulté qu'en sociologie et dans les sciences de la nature. Opposant, par exemple, le substantialisme psychologique aux doctrines qui croient possible et désirable une « psychologie sans âme », M. Geijer, se rend compte lui-même de l'ambiguïté de cette notion de « substance » dont il veut faire le critère de sa classification, et il prend soin d'avertir que, par substance, il ne faut pas entendre l'*ens metaphysicum* de Descartes ou de Herbart, mais « bien plutôt » la monade leibnizienne ou la substance au sens de Lotze (p. 7). Il était naturel que les imprécisions de la terminologie philosophique constituassent pour un travail comme celui-ci une difficulté notable; mais des obstacles de cette nature, auxquels M. Geijer a eu raison de ne point s'arrêter, s'ils rendent plus délicat le travail de classification des doctrines et plus considérable l'effort pour les caractériser exactement, n'empêchent pas de tracer une sorte de carte d'ensemble d'une région scientifique. Ce relevé général, qui demande à être fait périodiquement, peut et doit être rectifié sur certains points par des études plus poussées; mais son utilité est incontestable,

et il est infiniment plus aisé de le compléter que de s'en passer.

Der Gottesgedanke in der Geschichte der Philosophie, par HERMANN SCHWARZ, Erster Teil, von HERAKLIT bis JAKOB BÖHME. 1 vol. petit in-8 de VIII-612 p. (Collection Synthesis; Sammlung historischer Monographien philosophischer Begriffe), Heidelberg, Carl Winter, 1913. — L'auteur part de l'opposition entre la conception juive d'un Dieu personnel en relations directes avec l'homme et la conception grecque d'un Dieu organisateur de la nature et étranger en fait à l'humanité. Il suit d'abord en Grèce les différents essais pour déterminer un rapport entre l'humanité et Dieu (Pythagore, Héraclite. Xénophane, Parménide, Platon, Aristote, les Stoïciens, Philon, Plotin). Puis il examine les notions théologiques impliquées dans le christianisme primitif, les doctrines d'Origène, de saint Augustin. Duns Scot, Eckhardt, Tauler, Luther, Nicolas de Cusa, Giordano Bruno, Jakob Böhme. Les analyses fort inégales qu'il consacre à ces différentes doctrines sont, pour l'ordinaire, composées d'après des ouvrages de seconde main. Elles manquent de lien entre elles et les indications historiques sont partout très insuffisantes. Il faut aussi regretter que M. Schwarz utilise un vocabulaire tout à fait étranger aux philosophes dont il expose les théories. Enfin on signalerait sans peine de nombreuses lacunes, particulièrement en ce qui touche les sources juives de la notion moderne de la divinité.

Der Phaidros in der Entwicklung der Ethik und der Reformgedanken Platons, par VICTOR POTEMPA. 1 vol. in-8 de VII-68 p., Breslau, 1913. — Ce travail est divisé en quatre parties. Un premier chapitre très court s'efforce d'établir que l'interprétation du Platonisme en général doit être entreprise du point de vue moral. Platon a été avant tout préoccupé du problème moral (p. 6). Cela est vrai particulièrement du *Phèdre*, qui est probablement un ouvrage de la vieillesse de Platon. Le second chapitre contient une brève histoire du développement des théories morales de Platon (Hippias II, Lachès, République 429-430, Ménon, Charmide, Hippias I, Euthyphron, Apologie, Criton, Gorgias, Ménon, Euthydème, Cratyle, Menexène, Lysis, Banquet, Phédon, République 518-539). Vient ensuite une analyse du Phèdre (p. 29-50). Le dernier chapitre donne les conclusions. Dans son ensemble le dialogue est relatif à la rhétorique. Le problème de la nature de l'amour y est traité à titre d'exemple de la mauvaise et de la bonne rhétorique. Une étude sérieuse de l'amour implique une analyse psychologique, impossible elle-même sans une connaissance des principes de la métaphysique. M. Potempa estime que les mythes du Phèdre contiennent des éléments philosophiques importants à côté de simples images. Notamment il est clair d'après le grand mythe (p. 237 D et suiv.) que le lieu « supracéleste » et le « champ de la vérité » ne sont pas moins mythiques que le char de l'âme et ses deux coursiers. Ce qui exclut, selon M. Potempa, l'interprétation réaliste du Platonisme et nous empêche de croire à l'existence distincte des Idées (p. 57, note 5). L'Idée est l'idéal moral vers lequel les hommes doivent tendre, la divinité qu'ils imitent sans l'approcher jamais (p. 58). L'objet essentiel du Phèdre est de développer une morale analogue a la morale chrétienne. Comme le christianisme, Platon admet la présence en l'homme de deux instincts opposés qui luttent et dont l'un doit être subordonné à l'autre.

Ce travail honnête n'apprendra que peu de chose à ceux qui le liront. Il aborde un grand nombre de questions difficiles, sans donner sur aucune d'elles autre chose que de vagues indications. La thèse qu'il soutient n'est pas nouvelle. Et il n'ajoute rien à ce qu'avait dit par exemple F. A. Cavenagh.

Meister Eckharts Reden der Unterscheidung, herausgegeben von Ernst Diederichs. 1 vol., in 16, de 45 p., Bonn, A. Marcus und E Weber, 1913. — Ce petit volume ainsi que les trois suivants fait partie d'une série intitulée : *Kleine Texte für Vorlesungen und Uebungen,* éditée par H. Lietzmann. Une brève introduction précise le caractère du traité de Maître Eckhart et détermine les sources dont l'éditeur s'est servi pour établir son texte. La publication est faite avec beaucoup de soin ; les variantes sont indiquées, ainsi que les références aux textes de l'Ecriture ou des Pères qui se trouvent cités dans le traité. Peut-être n'eût-il pas été impossible d'être plus complet sur ce dernier point, mais, telle quelle, cette publication facilitera beaucoup l'explication d'un texte célèbre qu'il était difficile de mettre entre les mains des étudiants.

Texte zu dem Streite zwischen Glauben und Wissen im Islam, par M. Horten. 1 vol. in-16, de 43 p., Bonn, Marcus und E. Weber, 1913. — L'auteur estime qu'il est intéressant pour l'historien de la philosophie médiévale de comparer la solution que les philoso-phes occidentaux ont apportée au problème des rapports entre la foi et la raison avec celle qu'en ont proposée les philosophes musulmans. Contrairement à l'opinion courante, ils n'ont pas voulu superposer une philosophie à leur révélation comme une forme supérieure à une forme inférieure de connaissance. Ils ont voulu défendre leur révélation. Leurs systèmes, considérés du point de vue de l'histoire, sont des tentatives apologétiques pour harmoniser les dogmes coraniques avec la science de leur temps. Plus exactement, ils représentent les efforts poursuivis par l'Islàm lui-même pour se mettre en accord avec la connaissance naturelle. C'est ce que l'auteur établit de la façon la plus heureuse en groupant des textes caractéristiques de Farabi, Avicenne, Gazali et Averroès sur la doctrine de la prophétie et de la révélation. Les pages consacrées à la philosophie d'Averroès sont particulièrement précises et intéressantes.

Urkunden zur Entstehungsgeschichte des Donatismus, par Hans von Soden. 1 vol., in-16, de 56 p. Bonn, Marcus und E. Weber, 1913. — Les documents relatifs à la première phase du mouvement donatiste ne nous sont parvenus qu'incomplets et se trouvent dispersés dans des recueils très divers. L'un des plus importants est le reste d'un recueil d'actes publié par Optatus en appendice à son ouvrage contre le donatisme. A cette source s'ajoutent les fragments d'actes insérés dans les écrits polémiques d'Augustin contre les donatistes et dans sa correspondance. Viennent enfin les *Gesta collationis carthaginiensis* et les lettres de Constantin conservées par Eusèbe. L'auteur publie à part ces divers documents, selon l'ordre chronologique, en donnant pour chacun l'appareil critique le plus complet et des notes qui se limitent volontairement aux problèmes que soulève l'établissement du texte.

Hugo von Saint-Victor. Soliloquium de Arrha animae und de Vanitate mundi, herausgegeben von Karl Müller. 1 vol. in-16, de 51 p., A. Marcus und E. Weber, Bonn, 1913. — Il faut louer sans réserve le choix qu'a fait l'éditeur de ces deux dialogues. Les travaux les plus récents relatifs à Hugues de Saint-Victor ont mis en évidence le rôle de premier plan qu'il a joué dans l'histoire de la philosophie médiévale. Son influence se retrouve jusque chez les penseurs en apparence les moins ouverts à la spéculation mystique des victorins. Ses ouvrages demeurent cependant enfermés dans des collections peu maniables et sur lesquelles il est impossible de poursuivre un travail en commun. En mettant à la disposition des professeurs et étudiants le texte de deux dialogues aussi caractéristiques de la pensée du philosophe et dont l'authenticité est incontestable, l'auteur a fait œuvre très utile. Pour le *Soliloquium* le texte suivi est, dans l'ensemble, celui de Migne : les manuscrits consultés par M. K. Müller (Paris et Stuttgart) lui ont semblé moins satisfaisants que le texte imprimé, et relativement peu instructifs. Pour le *De vanitate mundi* au contraire le ms de Paris (Bib. Nat. fonds lat. 15139, fol. 232ᵇ — 242ᵃ) originaire de Saint-Victor même, a fourni un texte nettement supérieur à celui de Migne et de l'édition de Rouen. Il est à souhaiter que la même collection nous apporte d'autres éditions maniables de textes médiévaux ; les opuscules de saint Anselme ou l'*Itinerarium* de saint Bonaventure seraient les bien venus.

Der Gegenwartswert der geschichtlichen Erforschung der mittelalterlichen Philosophie, par M. GRABMANN. 1 vol. in-16, de VI-94 p., Vienne et Fribourg en Brisgau, Herder, 1913. — Cette leçon d'ouverture que le professeur Grabmann publie, étendue et complétée, se propose d'établir trois points. Le premier est qu'une connaissance approfondie de la philosophie médiévale permettra seule d'apprécier cette philosophie. Dès à présent on peut juger que, contrairement a l'opinion généralement répandue, elle a eu le sens du réel et le goût des faits, que son interprétation d'Aristote n'a rien eu d'un asservissement littéral, et qu'enfin, tout en demeurant au service de la foi, elle n'a jamais adopté une attitude purement passive et réceptive. Lorsqu'on met en comparaison la Somme theologique de Thomas d'Aquin avec la Somme d'un Guillaume d'Auxerre, plus vieille à peine de quelques dizaines d'années, on constate aisément quelle extension la pensée philosophique peut avoir imprimée à la spéculation théologique. Le second point est que, seule, l'histoire des philosophies médiévales permettra de restituer exactement les doctrines particulières et aussi le système complet de la philosophie chrétienne. Le moyen âge n'a pas rédigé de manuels, sa pensée est éparse dans de nombreuses œuvres : commentaires, opuscules, questions, quodlibet, etc., dont beaucoup d'ailleurs sont demeurées inédites. Seul leur dépouillement laissera discerner ce qui fut opinion particulière et ce qui rentre dans le bien commun de la pensée médiévale ou, selon l'expression de M. de Wulf, dans « la synthèse scolastique ». Le troisième point est qu'une connaissance plus approfondie des philosophes du moyen âge permettra de voir sur quelles questions l'accord est possible entre la doctrine traditionnelle du catholicisme et les exigences de la culture moderne. Pour beaucoup d'esprits la spéculation médiévale représente un effort de la pensée humaine glorieux, mais dont les résultats n'ont plus pour nous aucune valeur. Il y a de bonnes raisons pour en appeler de ce jugement, car les points de contact entre la pensée moderne et la tradition thomiste se sont singulièrement multipliés depuis cinquante ans. En ce qui concerne la logique il semble que Husserl et son école se rapprochent du péripatétisme ; pour la métaphysique les derniers travaux d'O. Külpe paraissent s'orienter vers une restauration de cette discipline considérée comme couronnement des sciences et vers une critique de l'idéalisme contemporain ; en philosophie naturelle il est possible de s'entendre avec le néo-vitalisme ; la psychologie trouvera chez les grands penseurs du moyen âge des modèles d'observation intérieure, des doctrines profondément élaborées et qui laissent la porte ouverte à toutes les recherches ultérieures ; en morale, enfin, le thomisme peut nous offrir sa conception de l'acte humain, dont le Dr Grabmann rappelle que nous avons reconnu ici même la haute valeur, et son analyse des passions dont nous reconnaissons non moins volontiers qu'elle est admirable. L'auteur conclut en espérant que l'unité pourra se faire autour d'une philosophie éminemment capable de satisfaire la soif de divin qui caractérise, au fond, la pensée contemporaine et de conduire les esprits vers le premier et souverain principe de tout être, de toute vérité et de tout bien.

Dans cette belle et éloquente leçon le Dr Grabmann s'est souvenu de saint Thomas : *Studium philosophi non est ad hoc, quod sciatur quid homines senserint, sed qualiter se habeat veritas rerum.* Mais il n'a pas pu ne pas rester lui-même, c'est-à-dire l'historien le mieux informé peut-être du travail fait et à faire sur les philosophies médiévales. On glanera dans les notes des indications sur les sources manuscrites, les publications en cours ou imminentes, qui permettront d'attendre avec moins d'impatience le tome III de la *Geschichte der scholastischen Methode*. En ce qui concerne les conclusions dogmatiques de l'auteur, bien des réserves s'imposeraient. N'y a-t-il pas quelque équivoque dans la notion de philosophie médiévale sur laquelle il argumente ? En tant qu'historien, la philosophie du moyen âge comprend pour lui toutes es œuvres philosophiques de cette époque; en tant que philosophe proprement dit, l'auteur ne désigne plus sous ce nom que le « Gemeingut » de la pensée médiévale, c'est-à-dire, en somme, le système thomiste. Et cette attitude s'explique aisément puisque le but que se proposent les néo-scolastiques est de grouper les esprits autour d'une même philosophie catholique. On raisonne donc, en fait, comme s'il n'y avait eu qu'une synthèse scolastique; mais pour l'historien impartial il y en a eu au moins deux : celle de saint Bonaventure et celle de saint Thomas. Que si l'on réserve à celle de saint Thomas le nom de scolastique, il faudra dire tout au moins que le catholicisme connaît deux synthèses philosophiques également traditionnelles. Et l'on n'aura toujours pas le droit d'argumenter comme si le ralliement devait nécessairement se faire autour du seul saint Thomas.

De plus on peut juger insuffisantes les raisons alléguées par le Dr Grabmann pour établir la possibilité d'un retour des esprits au système thomiste. Il est incontestable que l'échec du positivisme absolu et l'affaiblissement progressif de l'influence kantienne ont ramené la spéculation philosophique aux grands problèmes métaphysiques; on se pose de nouveau les questions que se posait saint Thomas; on peut citer encore des directions philosophiques contemporaines qui, par certains points, s'accordent avec les siennes, mais ces rencontres isolées ne prouvent rien. Il n'est pas dit, en effet, que celles d'entre les directions philosophiques d'aujourd'hui avec lesquelles s'accorde le thomisme soient précisément celles qui doivent, en fin de compte, prévaloir. Si le néo-vitalisme est acceptable pour la néo-scolastique, le mécanisme, qui, lui aussi, est une tendance contemporaine, n'est nullement acceptable : or c'est peut-être lui qui doit finalement l'emporter. La simple énumération des cas favorables est une mauvaise méthode de démonstration. Ce qui résulte le plus évidemment de cet opuscule, c'est que, même pour des esprits familiers avec la culture moderne, la philosophie de saint Thomas est *encore* tenable. Cette survivance ne s'explique pas uniquement par des raisons philosophiques. Il n'en est pas moins infiniment honorable pour un système de laisser ouverte, après six siècles d'existence, une telle possibilité.

Die Wissenschaft Demokrits und ihr Einfluss auf die moderne Naturwissenschaft par Louis Löwenheim, herausgegeben von Leopold Löwenheim (*Archiv für Geschichte der Philosophie*, Beilage zu Band XXVI, Heft 4). 1 vol. in-8 de 48 p., Berlin, Leonhardt Simion, 1913. — La philosophie moderne commence au moment où Galilée réfute définitivement la doctrine d'Aristote. Bacon, Gassendi et Hobbes dépendent de Galilée, comme le prouvent des textes formels. Or, Galilée lui-même se rattache à Démocrite : on peut le prouver. En exposant ses vues sur l'accélération, Galilée se réfère à une allusion qu'Alexandre d'Aphrodise fait à l'astronome Hipparque (p. 9). Mais Galilée tient du commentaire de Simplicius sur la Physique d'Aristote le texte d'Alexandre d'Aphrodise. Or, dans ce même texte, il est question de Démocrite (p. 10). Cela établi, M. Löwenheim expose les doctrines de Démocrite.

Geschichte der neueren Philosophie von Nikolaus von Kues bis zur Gegenwart im Grundriss dargestellt. *Siebente verbesserte und ergänzte Auflage*, par Richard Falckenberg. 1 vol. in-8 de VIII-692 p., Leipzig, Veit et Cie, 1913. — La première édition de ce livre a paru en 1885. L'auteur l'avait conçu sur le modèle du célèbre *Grundriss der Geschichte der griechischen Philosophie* de Zeller (1883). Mais surtout, il voulait en faire un manuel d'enseignement d'où seraient exclues les discussions et les interprétations personnelles et qui fût plus maniable que l'ouvrage d'Ueberweg et plus précis que celui de Windelband. Les défauts du livre sont restés les mêmes que dans les éditions précédentes. L'exposé est clair, agréable et superficiel : il est scolaire en ce qu'il explique tout, même ce qui n'a pas besoin d'explication. Par contre, il est d'ordinaire très réservé en ce qui concerne les difficultés véritables des systèmes. Le nombre des doctrines étudiées est trop grand pour un ouvrage d'enseignement, il est trop petit pour un livre de références. La part faite à la philosophie post-kantienne est excessive comme dans tous les manuels allemands. Le plan adopté est fâcheux : il n'est ni méthodique ni chronologique. Par exemple, Lotze vient après Boutroux et Bergson. La bibliographie est abondante et elle sera commode à ceux qu'effrayent les listes compactes d'Ueberweg. La partie consacrée à la philosophie contemporaine est soignée et, en général, exacte.

Spinozas philosophische Terminologie historich und immanent kritisch untersucht par Gustav Theodor Richter. (Erste Abteilung, *Grundbegriffe der Metaphysik*). 1 vol. gr. in-8 de 170 p., Leipzig,

Ambrosius Barth, 1913. — Ce livre est la première partie d'un travail étendu que M. Richter compte consacrer au vocabulaire de Spinoza, et qui doit lui-même servir d'introduction à un index de Spinoza. M. Richter veut employer la critique « immanente », recommandée par son maître M. Riehl, c'est-à-dire qu'il entend surtout expliquer Spinoza par lui-même. Mais, en même temps, il donne des indications historiques sur la langue philosophique du XVII° siècle et il la compare avec celle des scolastiques. Diverses raisons extérieures expliquent l'extrême difficulté que l'on a à bien entendre le vocabulaire de Spinoza. D'abord Spinoza est polyglotte : il écrit en latin, mais sa langue maternelle est l'espagnol; il parle le hollandais; il a appris à fond le syriaque, l'hébreu et même l'arabe. Il n'est donc pas surprenant qu'il soit assez indifférent à l'usage consacré des termes et qu'il lui arrive de les employer dans des acceptions inusitées. En outre, non seulement la composition de l'*Éthique* a duré longtemps, mais, dans l'intervalle, Spinoza a entrepris de résumer les doctrines cartésiennes et scolastiques et il s'est ainsi familiarisé avec des vocabulaires variés. A ses correspondants, il doit parler la langue de la scolastique ou du cartésianisme. Quelques-uns de ses écrits sont destinés au grand public et non à des philosophes (p. 14). Enfin, la persécution qui atteint ses coreligionnaires l'oblige à la plus grande prudence. De là vient qu'une étude précise de sa langue est indispensable.

Il faut donc examiner les sens que Spinoza donne à tous les termes techniques et ensuite comparer les données que l'on peut tirer du rapprochement des textes avec celles que fournit l'étude du langage usuel de son temps qui est le langage « scolastique ». Le même langage a été parlé, avec quelques variantes, par Giordano Bruno, Bacon, Hobbes, Descartes, Gassendi, Geulincx, par les scolastiques proprement dits que Spinoza a connus : saint Thomas, Suarez, Scheibler, Clauberg, Heerebord, Goclenius, etc., et aussi par les Cabbalistes, notamment par Knorr de Rosenroth (p. 17). Ce premier fascicule contient des études sur les termes suivants : *Attributum, attributa infinita, in se, per se, a se, substantia, modus, modificatio, accidens, affectus, modi infiniti.* Deux appendices sont consacrés, l'un à l'étude des rapports entre Spinoza et Geulincx, l'autre à établir le sens de la formule *res fixæ et æternæ* dans le *de Intellectus emendatione.* Chemin faisant, M. Richter aborde et tente de résoudre la plupart des questions relatives à la philosophie de Spinoza. Et les considérations qu'il présente ont assez d'intérêt pour qu'il soit nécessaire de les résumer en détail.

La scolastique distingue des attributs nécessaires ou qui tiennent à l'essence et des attributs contingents. La réalité d'une essence est formée par les attributs essentiels, parmi lesquels l'un, appelé *essentia*, a une situation privilégiée en ce sens que les autres attributs essentiels dépendent de lui. Tous les attributs essentiels d'un sujet sont étroitement unis : ils ne se distinguent pas les uns des autres et seule la faiblesse de notre pensée nous oblige à les séparer. De même, c'est par une pure opération logique que nous isolons les attributs du sujet. Pour Descartes, au contraire, un sujet n'a qu'un seul attribut essentiel : les autres déterminations du sujet sont des modes (p. 24, 25). Toutefois, entre l'attribut essentiel et les modes, Descartes intercale d'autres attributs qui sont joints à l'essence, non par un lien analytique, mais du dehors et par synthèse. Ces attributs désignent des manières d'être du sujet et ce sont proprement des modes de pensée (*modi cogitandi*, temps, extension, etc). Dans les *Cogitata* et dans le *Traité theologico-politique*, Spinoza reproduit les distinctions scolastiques (p. 27). Dans les *Principia philosophiæ cartesianæ*, il se conforme au langage cartésien, non sans faire usage parfois de la terminologie scolastique. Au contraire, dans le *Court Traité* et dans l'*Éthique*, il s'écarte à la fois du langage cartésien et de l'usage scolastique et sa doctrine donne lieu à de graves difficultés. Dans le *Court Traité*, le terme *attributum* ne désigne que les déterminations nécessaires de l'essence et il n'est jamais appliqué aux déterminations contingentes. Spinoza maintient rigoureusement la distinction scolastique entre les attributs et les propriétés (p. 29, 41). De plus, il affirme que l'essence est constituée par les attributs, qu'elle est identique aux attributs (p. 32). Mais, tandis que pour la scolastique, une même substance ne peut recevoir deux attributs contraires (le corps et l'esprit par exemple), Spinoza admet, sans du reste justifier l'assertion, que des attributs contraires peuvent coexister en Dieu. Jamais, sauf dans deux textes des Dialogues, qui expriment non sa propre pensée, mais celle de contradicteurs éventuels, il n'assimile l'attribut à une *action* du sujet (p. 35, 36). L'interprétation dynamiste de Trendelenburg et Kuno Fischer (p. 51), d'après lesquels les attributs sont les forces de la substance implique donc un contresens formel. Etre et force sont, pour Spinoza, deux termes synonymes, dont l'un ne peut expliquer l'autre (p. 52). De même, dans l'*Ethique*, Spinoza affirme l'identité de la substance et de l'attribut (p. 39). Quel rapport existe donc entre l'essence et les attributs? Selon M. Richter, ce rapport n'est pas analytique. Spinoza dit que l'attribut exprime la substance. Or, on voit par divers exemples que, pour Spinoza, exprimer, c'est réaliser *in concreto*. Ainsi, un cas particulier exprime une loi générale : par exemple l'attribut de la pensée exprime l'essence éternelle de la *Cogitatio* (p. 44, 46). On pourrait croire que cette conception est en contradiction avec les formules, d'après lesquelles l'attribut constitue, explique la substance, comme s'il en était une partie. Mais dans le langage scolastique, *exprimere*, *constituere*, c'est toujours rendre concret.

Or les attributs (déterminations ontologiques de la substance) sont en nombre infini, bien que récemment Anna Tumarkin ait soutenu le contraire, en opposant l'infini au nombre, comme l'éternité s'oppose au temps (p. 53). Il est possible que, sur ce point, Spinoza ait subi l'influence de l'atomisme qui admet l'existence d'univers en nombre infini. Mais déjà Descartes semble admettre au moins l'existence possible d'un nombre infini d'attributs (p. 55), et Suarez soutient (p. 56) qu'outre les qualités ontologiques connaissables, doivent exister réellement en Dieu toutes celles qui pourraient être pensées, encore que nous soyons incapables de les penser en réalité.

Ces attributs sont indépendants les uns des autres, et Spinoza utilise, pour caractériser cette indépendance, des expressions telles que *in se*, *per se*, *a se esse et concipi* (p. 57). Mais il donne à ces formules un sens qu'elles n'avaient pas dans la scolastique. Chez Suarez *in se esse* indique l'existence réelle (p. 59). Chez Spinoza l'expression s'oppose à *in alio esse* et elle sert seulement à signaler l'absence de tout rapport d'inhérence à une autre chose. La formule *per se esse* n'est pas employée dans l'*Ethique*; dans les autres écrits de Spinoza, elle est synonyme de *a se esse*, et elle indique qu'un être est *causa sui* (p. 62).

Tous les auteurs scolastiques définissent la substance comme Aristote : ce qui est toujours sujet et jamais prédicat. Le caractère essentiel de la substance scolastique, c'est la non-inhérence à un sujet. L'indépendance ne figure pas parmi les déterminations classiques de la substance.

Même, suivant Heerebord, un être dépendant peut être une substance parfaite (p. 66). Descartes reproduit fidèlement la doctrine classique. Au contraire, dès les *Principia philosophiæ Cartesianæ*, Spinoza distingue les substances indépendantes et les substances dépendantes. Il constate que toute substance infinie est nécessairement indépendante au point de vue causal (p. 69). Une substance corporelle infinie est forcément unique. Au contraire, il peut y avoir à la fois plusieurs substances spirituelles infinies. Descartes était déjà de cet avis, mais il se refusait à appeler infinie une substance corporelle. Dans le *Court Traité*, Spinoza ne mentionne pas l'indépendance parmi les caractères de la substance : à côté de la substance infinie de Dieu (Nature), il y a des substances corporelles et des substances pensantes dont l'essence n'implique pas l'existence. Mais il y a beaucoup d'obscurité dans la doctrine : Spinoza admet effectivement une pluralité de substances infinies et, en même temps, il affirme qu'une substance infinie ne peut être causée (p. 73). Il faut donc, s'il existe une multiplicité de substances infinies, que ces substances coïncident. De plus, suivant en cela la direction indiquée par Geulincx (p. 75), Spinoza montre qu'une étendue infinie est nécessairement indivisible et que la division ne peut se réaliser que dans les modes. Dans les lettres de Spinoza (Cf. Ep. 4 et 12), l'indépendance apparaît comme un caractère essentiel de la substance, et ce caractère résulte immédiatement de la non-inhérence (comme dans l'*Ethique*, I, 6). En somme, la substance restera toujours pour Spinoza le sujet, qui n'est jamais prédicat : l'existence nécessaire, l'indivisibilité, l'unité sont des propriétés dérivées de ce fait initial que la substance est le sujet. Et cette doctrine se retrouve, avec des variantes de détail, dans tous les écrits de Spinoza.

De là résultera la doctrine spinoziste des modes. Ici encore, Spinoza se sert de la terminologie scolastique modifiée par Descartes. La scolastique use de trois termes : *affectio*, *modus* (termes généraux), et *accidens*, ce dernier terme réservé pour les accidents proprement dits, qui ne tiennent pas à l'essence (p. 83). Descartes n'emploie que deux mots : *attributum*, qui indique la détermination essentielle, et *modus* (ou *modificatio*), qui désigne l'altération produite dans l'attribut par le mode. De même Spinoza élimine à peu près le mot *accidens* (employé dans l'appendice du *Court Traité*, dans les *Cogitata* et une seule fois dans l'*Éthique*, IV, 36 scol.). Pour lui, le mode est une détermination de l'attribut, liée au sujet par un rapport causal : la réalité véritable appartient non au mode, mais au sujet, d'où vient que Spinoza ne parle jamais du mode tout seul, mais du sujet, en tant qu'il est modifié (p. 88).

Une difficulté grave est relative à la situation des modes infinis. En effet, tout mode infini a pour cause, non la substance elle-même, mais un autre mode infini (*Éth.*, I, 25), ce qui paraît contredire la définition générale du mode. Spinoza a résolu cette difficulté de diverses manières. Dans le *Court Traité*, il mentionne deux modes immédiats et infinis de la substance : l'intellect infini et le mouvement. Seuls ces deux modes n'exigent pas l'existence de modes intermédiaires, (comme par exemple l'Amour et le Désir qui n'existent pas sans la représentation (p. 91). Dans l'*Éthique*, Spinoza ne dénombre pas les modes infinis, et il faut compléter le texte de l'*Éthique* par celui des lettres. Mais, il attribue aux modes infinis une situation intermédiaire entre les attributs et les modes finis. D'autre part il affirme énergiquement que l'infini ne peut produire que de l'infini Comment se fait donc le passage de l'infini au fini? Selon M. Richter, Spinoza ne donne aucune solution précise sur ce point (p. 97, 98) et il s'est engagé tour à tour dans diverses directions, sans rien achever. Tantôt, comme dans le *Court Traité*, il admet que le mode infini est seulement cause seconde des modes finis, la cause première étant Dieu. Tantôt, comme dans les *Cogitata*, il distingue deux sortes de causalités qui agissent simultanément, sans interférer jamais (p. 95). Mais, dans l'*Éthique*, il n'admet plus qu'une causalité unique. Toutes les essences finies sont produites par la substance, qui en est cause intemporelle. Elles existent en elles d'une réalité latente (I, 8, *Scol.* 2). Ces essences présentes en Dieu, ce sont précisément les *res fixæ et æternæ* du *de Emendatione* (p. 117 et suiv.). Examinant toutes les interprétations qui ont été proposées de ce texte difficile, M. Richter établit qu'il ne s'agit pas, comme on le croit souvent, des modes infinis, mais des essences des choses particulières ou des modes finis, telles qu'elles existent en Dieu. Seules ces essences peuvent être connues, tandis que les essences concrètes, réalisées ne peuvent être objet de connaissance, car elles sont en nombre infini. Pourtant ces essences contenues dans l'essence divine se commandent les unes les autres et forment une série qui constitue le contenu de l'intellect infini

(p. 40). Sur la sorte de réalité qui leur appartient, les textes sont pleins d'obscurité (p. 97). Parfois, Spinoza parle de *certi modi cogitandi* (40, *Scol.* et *Ep.* 32); et d'autres fois, au contraire, il semble que ces modes finis n'aient aucune réalité distincte, avant l'existence temporelle (v. 29, *Scol.*). En somme, Spinoza ne pose nulle part clairement le problème du rapport de l'intemporel à la durée (p. 99). Cela tient sans doute à ce que, pour lui, il est impossible à la pensée de suivre la série infinie des objets dans la durée (p. 100).

Ces obscurités relatives à la situation des modes infinis s'expliquent historiquement. On a fait intervenir ici un grand nombre d'influences différentes. Sigwart y trouvait la trace de l'enseignement des Cabbalistes (p. 103). Mais les textes qu'il invoque ne se rapportent nullement à la question traitée par Spinoza. D'autres ont pensé à Plotin, à la doctrine du *Logos* de l'Évangile selon saint Jean et du début de l'*Épître aux Hébreux* (p. 105). Pour M. Richter, l'influence dominante est celle de Plotin, qui a donné à tous les philosophes de la Renaissance leur conception particulière de la divinité. Mais, tandis que le Dieu de Plotin est transcendant, celui de Spinoza est immanent. Interpréter le Spinozisme comme une doctrine de la transcendance (Camerer et Windelband), c'est, selon M. Richter, faire le contresens le plus complet (p. 108).

Dans un appendice, M. Richter entend établir que Spinoza, contrairement à l'opinion reçue, a subi très fortement l'influence de Geulincx. Sans doute, les œuvres posthumes de Geulincx n'ont paru qu'après la mort de Spinoza. Mais Geulincx professait à Leyde entre 1658 et 1669 et dès 1669 il avait traité *ex professo* de la plupart des sujets abordés dans les *Opera posthuma*. Or Spinoza a séjourné à Rhynsburg (à une heure et demie de Leyde) de 1661 à 1663 et il a été en relations avec une foule d'érudits de Leyde. Il a été lié avec les professeurs de Leyde, Heereboord et Craanen, et plusieurs de ses disciples ont étudié à l'université de Leyde. Il est probable que des relations personnelles ont existé entre Spinoza et Geulincx (p. 114). L'examen des textes confirme ces inductions. Non seulement les critiques dirigées par Spinoza contre Descartes sont identiques à celles qu'énonçait Geulincx, mais plusieurs doctrines particulières sont présentées exactement dans les mêmes termes chez les deux philosophes. Telle la curieuse théorie de l'association des idées (*Éthique*, II, 18; Geulincx, *Op.*, III, 420); tel le renvoi à la formule ἐν θεῷ ζῶμεν καὶ κινούμεθα καὶ ἔσμεν, (Geulincx, II, 239); telle la singulière expression *facies totius universi* (*Ep.* 64; Geulincx, II, 288; III, 348, 368); telle enfin la comparaison célèbre entre l'intellect humain et l'intellect divin (*Eth.* I, 17, *Scol.*; Geulincx, III, 384).

Ce livre d'une lecture un peu difficile est d'une grande valeur. L'appendice apporte quantité de textes curieux empruntés aux auteurs scolastiques et il complète heureusement le travail un peu sommaire de Freudenthal. Surtout M. Richter s'est engagé résolument dans la seule direction où l'on puisse espérer de rencontrer quelque clarté. Spinoza doit d'abord être commenté par lui-même, et une analyse exacte de son vocabulaire peut seule nous renseigner sur ce qu'il a voulu faire. Pour une telle doctrine, où tout se tient, où chaque texte en implique une foule d'autres, un index est le meilleur commentaire et celui qui, malgré les apparences, évite les plus de répétitions inutiles. Il faut aussi savoir gré à M. Richter d'avoir franchement reconnu les obscurités du système et de ne s'être pas contenté de la phraséologie par laquelle on s'ingénie d'ordinaire à les dissimuler. Interpréter Spinoza, c'est trop souvent insister plus que de raison sur ce qui est seulement impliqué dans les textes; c'est y ajouter ce qu'ils auraient peut-être pu contenir, mais ne contiennent pas effectivement. On aimera la forme sobre, précise et nette que M. Richter a donnée à ses explications, encore qu'il abuse parfois de formules énigmatiques. En utilisant un nombre limité de textes étrangers à Spinoza, M. Richter a évité le fatras de références superflues qui encombre les ouvrages de Sigwart et de M. Joël. On regrettera cependant qu'il n'ait point tiré parti ni du petit livre si curieux de Bisterfeld, ni de la *Medicina Mentis* de Tschirnhaus, qui donne par endroits une véritable caricature des doctrines de Spinoza et aide à en distinguer les traits par le grossissement qu'elle leur donne. Sur plusieurs points, notamment en ce qui touche les doctrines de l'essence et de l'intellect infini, les exposés de M. Richter restent obscurs. Il faut attendre la suite de son travail pour juger d'ensemble son interprétation. M. Richter s'étonne (p. 59) que Spinoza ait admis, sans la justifier, la coexistence en Dieu d'attributs opposés, comme la pensée et l'étendue. Les raisons en sont sans doute plus simples que M. Richter le croit. Non seulement la distinction réelle des essences des attributs exclut toute opposition entre elles; mais encore leur coexistence apparaît manifeste en nous-mêmes. C'est en partie parce qu'il attribue à l'individualité et même à l'individualité corporelle une plus grande importance que ne le faisait Descartes, que Spinoza est amené à affirmer la coexistence en Dieu d'attributs différents, et qu'il peut conclure, à sa coutume, du microcosme à l'univers entier.

The Satakas or Wise Sayings of Bhartrihari, *translated from the Sanskrit,* by J. M. KENNEDY, 1 vol. in-8, de 166 p., Londres, Werner Laurie (s. d.). — Le volume qui s'offre à nous sous ce titre inaugure une série de traductions destinées à rendre accessibles, pour un prix modique, maints chefs-d'œuvre de la spéculation de l'Orient, qui, ou bien n'ont été qu'incomplètement traduits en des langues européennes, ou bien le furent en des publications rares et chères. Il convient donc d'accueillir avec sympathie cette tentative et ce programme. Souhaitons que l'éditeur, alors même qu'il ne désirerait pas entreprendre de publications scientifiques, s'adresse cependant, pour cette œuvre de haute vulgarisation, à des spécialistes d'une réelle compétence.

La présente traduction de Bhartrihari, quoiqu'elle ne repose pas sur une étude critique du texte, donne une idée approximative de ce fameux recueil de sentences. En outre, elle n'a pas omis la troisième section, comme l'avait fait telle traduction antérieure. C'en est assez, sinon pour contenter les indianistes, du moins pour faire œuvre utile et pour intéresser quiconque se plaît aux maximes morales, sorte de littérature qui a fleuri dans l'Inde avec abondance. Nous ne ferons pas grief à M. Kennedy d'avoir présenté, en guise de préface, un exposé trop vague et quelquefois inexact de l'ensemble de la philosophie indienne; car, en vérité, cette cinquantaine de pages est étrangère au sujet. Point n'est besoin d'avoir entendu parler des Métaphysiques du Sâmkhya ou du Vêdânta pour aborder la lecture de ces aphorismes, pas plus qu'il n'est indispensable de connaître Descartes pour goûter La Bruyère. Mais on désirerait, par contre, que l'auteur nous renseignât quelque peu sur la place qu'occupa Bhartrihari parmi les moralistes indiens et sur la signification de ses apophtegmes. Il ne nous est pas indifférent qu'il ait vécu, soit au IIe siècle, soit au VIIIe ou au IXe. L'accent du troisième livre est si différent, dans l'ensemble, de celui des deux précédents, qu'il y aurait intérêt à rechercher si les Indiens ont aimé en Bhartrihari ce qu'il conservait de goût pour la volupté dans son zèle ascétique, ou au contraire s'ils n'ont apprécié en lui que le moraliste sévère et le Çivaïte convaincu. Un critique peut même se demander si la troisième section est de la même main que les autres. Plus d'une interférence ou répétition atteste que le texte a subi des remaniements; le nombre de cent maximes (sataka), très dépassé en ce qui concerne chacune des deux premières parties, pourrait n'être qu'un cadre artificiel tardivement imposé à une collection de sentences.

Si nous nous bornons à prendre ces maximes telles qu'elles nous sont données, nous éprouvons soit de l'embarras à les concilier en une pensée cohérente, soit un certain charme à constater l'indifférence de cet esprit « ondoyant et divers » à l'égard de toute systematisation. Il admet tantôt que la bonté ou la méchanceté des hommes dépend de la qualité du milieu où ils vivent (I, 67), tantôt qu'elle est la conséquence des actions accomplies dans une vie antérieure (I, 94). Il affirme que notre existence est le jouet du destin (I, 88), même d'une fatalité absurde (I, 92; II, 110); et pourtant il paraît subordonner cette nécessité à la rétribution de nos actes antérieurs (I, 94), qui est chose éminemment certaine et raisonnable aux yeux d'un Indien. Il prétend s'unir à l'Esprit suprème (II, 72, 81, 87, 108, 136, 147); il invective comme Polyeucte les plaisirs terrestres : « Que ne me quittez-vous, quand je vous ai quittés! » Toutefois, il se demande encore si le renoncement est la meilleure voie à suivre (II, 40). Il déclare que la beauté d'une femme ne mérite pas de louanges (II, 20), et se révèle, dans tout le troisième chapitre, foncièrement épris des charmes qu'il maudit. « Ami de la vertu plutôt que vertueux », Bhartrihari devait être un homme aimable, ardent au plaisir quoique sensible à ses amertumes, capable d'élévation malgré ses faiblesses et ses doutes : par quelques-uns de ces traits, il montre une posture morale analogue à celle d'Horace. Insoucieux de la révélation religieuse et des systèmes, ne se professe-t-il pas disciple des poètes (III, 51)? Sachons-lui gré de nous rappeler combien l'Inde eut de mérite à être la terre de l'ascétisme, tant les séductions voluptueuses y exercèrent d'empire jusque sur les désabusés.

The Divan of Zet-un-Nissa, the first fifty ghazals, rendered from the Persian by Magan Lal and Jessie Duncan Westbrook, with an introduction and notes, 1 vol. in-16 de 112 p., Londres, Murray, 1913. — Ce volume, comme les trois volumes suivants, fait partie d'une collection relative à la « Sagesse de l'Orient » (*The Wisdom of the East Series*). Les quarante petits volumes élégants qui constituent cette série offrent au public d'excellentes traductions, œuvres de spécialistes éprouvés. Il n'en est aucune qui n'intéresse l'historien de la métaphysique, de la religion ou de la morale, l'historien même de la science; car n'est-ce pas à travers des spéculations qui nous paraissent à présent, dans notre Europe moderne, peu « positives », quoi qu'elles aient, en leur temps, prétendu à l'objectivité, que se constituèrent, par un lent progrès, les procédés de raisonnement sous-jacents à notre science?

Fille de l'empereur Mogol de l'Inde Aurungzeb, la poétesse Zeb-un-Nissa, qui fleurissait dans la seconde moitié du xviiᵉ siècle, fut un spécimen tardif, mais savoureux encore, de la culture persane. Cette civilisation apparait dans les vers de la princesse sous son double caractère habituel : elle est mièvre et inspirée tout ensemble, car la préciosité de l'expression n'exclut pas le souffle mystique. Cette descendante de Gengis-khan et de Tamerlan, nourrie de poésie musulmane et imbue de religiosité indienne, surtout vedàntique, fut l'ornement de cette cour raffinée, l'ornement même de son sexe entier. Elle renouvela le caractère devenu quelque peu conventionnel de la poésie persane par l'ardeur de sa foi soufie, qui anéantit l'adorateur humain devant l'Aimé divin, sublime mais tyrannique à l'égard de ses fidèles. Les vers anglais qu'on nous présente ici ont de la tenue, même de la force et de la grâce.

Ancient Egyptian Legends, by M. A. Murray, 1 vol. in-16 de 119 p., Londres, Murray, 1913. — L'Égypte antique n'ayant jamais, à notre connaissance, tenté de formuler en termes abstraits ses idées philosophiques, sauf pour ce qui concerne l'eschatologie, force nous est bien de glaner dans les récits légendaires quelque notion de ses doctrines implicites. Les neuf extraits qui nous sont offerts dans cet ouvrage, sont, malgré leur caractère fragmentaire, très aptes à nous renseigner sur l'attitude propre de l'Égyptien en face des problèmes spéculatifs, tant par le choix fait parmi des textes difficilement accessibles même aux spécialistes, que par l'exactitude de la traduction et la conscience avec laquelle furent rédigées des notes utiles même aux égyptologues.

The Way of Contentment, translated from the Japanese of Kaibara Ekken, by Ken Hoshino, 1 vol. in-16 de 124 p., Londres, Murray, 1913. — Kaisara Atsunobu, surnommé Ekken, a joué un rôle essentiel dans la vie morale du Japon depuis deux cent cinquante ans. Comme l'un des créateurs du style littéraire moderne, comme promoteur de la pédagogie, il a exercé une influence singulièrement plus grande qu'on ne l'eût attendu de sa médiocre originalité à titre de moraliste. Son confucéisme est prolixe, dilué; mais on remarque, à maints indices, chez ce lettré, le fils d'un médecin, car il a un goût très marqué pour l'observation de la nature; il écrit sur la géographie, sur la botanique; la morale est chez lui apparentée à la médecine, et « la science médicale est l'art de la bienveillance ». — La collaboration d'un Japonais et d'un érudit de notre race, M. Evelyn Aldridge, a donné dans ce volume la preuve de son efficacité; souhaitons que cette méthode se généralise, pour le bien commun des orientaux et des occidentaux et pour le profit des lecteurs, qui obtiendraient ainsi la double garantie d'une compréhension exacte des idées et de l'adoption d'un esprit critique.

Buddhist Scriptures, a selection translated from the Pâli with Introduction, by E. J. Thomas, M. A., 1 vol. in-16 de 124 p., Londres, Murray, 1913. — Ces extraits de la littérature pâlie où se conserva l'inspiration la plus ancienne du Bouddhisme, ont été choisis très heureusement parmi les livres canoniques les plus caractéristiques. La lecture des textes eux-mêmes, fût-ce en traduction, est souvent fatigante par l'abondance des lieux communs aussi puérils qu'édifiants et par l'insipide rabâchage où la pensée se perd, parce que l'attention faiblit. Pourtant, parmi beaucoup de fatras, ces ouvrages renferment d'inestimables documents qui nous révèlent dans le Bouddhisme primitif, non pas seulement, comme on l'a trop dit, une doctrine morale, mais aussi certains germes d'une philosophie ultérieure. La série des conditions qui fait dépendre nécessairement de l'ignorance la douleur et la mort; la loi morale de l'acte (karman); l'impermanence des éléments de notre personnalité; le salut par le renoncement, c'est-à-dire par l'extinction (nirvâna) du désir : tous ces dogmes étaient destinés à s'épanouir en des doctrines métaphysiques. On les trouvera dans ce livre sous leurs énoncés les plus anciens; c'est vraiment « la substantifique moelle » de toute une littérature. Quelques pages exactes, en guise d'introduction, quelques lignes avant chaque extrait, ont suffi, à cause de leur sobre précision, à M. Thomas, pour rendre accessible à tous la signi-

fication de ces textes dont il faut tenir en suspicion l'apparente simplicité.

The Philosophy of Nietzsche, *an exposition and appreciation*, by Georges Chatterton-Hill. 1 vol. in-8 de 292 p., Londres, Ouseley, 1913. — L'ouvrage se divise en deux livres. Dans le premier (*Philosophie critique*), après une biographie que suit une « vue générale de l'idéal nietzschéen », viennent les chapitres sur l'Etat, la loi morale, les religions, la science. Le second (*Philosophie positive*) étudie : la volonté de pouvoir comme postulat fondamental, — la théorie de la connaissance comme expression de la volonté de pouvoir, — les systèmes moraux (maîtres et esclaves) et le surhomme. Sauf les théories esthétiques, qui méritaient bien un chapitre à part, ce plan ne néglige aucun des points essentiels; il assure une progression d'intérêt, en faisant converger toutes les thèses de Nietzsche vers les affirmations lyriques du *Zarathustra*; mais, en négligeant la chronologie, il sert mal le dessein de l'auteur, qui prétendait écrire un livre « aussi objectif que possible ». Il masque l'importance des premiers ouvrages, résumés très brièvement au cours de la biographie; à peine laissé-t-il voir la succession de plusieurs stades de pensée; les aphorismes de la période proprement critique et négative se mêlent, dans le premier livre, à des idées de la dernière époque. Et sans doute les fragments de *La Volonté de Puissance*, bien que publiés après la mort de Nietzsche, ne représentant pas le dernier travail de sa vie; mais en considérer les thèses comme acheminant à la morale des maîtres, à l'idéal du Surhomme, n'est-ce pas donner une notion fausse de la méthode du philosophe et de son tempérament? Ce n'est point hasard si cette œuvre posthume est une œuvre inachevée : les préférences pratiques, la position de nouvelles valeurs, ont précédé et primé, dans l'esprit de Nietzsche, l'effort pour les appuyer sur un fondement théorique qui demeure insuffisant.

M. Chatterton-Hill définit nettement la différence entre Nietzsche et Stirner; son chapitre sur la valeur de Nietzsche écarte toute interprétation superficielle de l'« immoralisme nietzschéen »; mais la discussion de la doctrine n'y est aucunement tentée. Il faut dire que le manuscrit de l'ouvrage était terminé dès 1905. A cette date, pour dissiper les malentendus, il y avait encore place pour un exposé clair et simple, écrit sur le ton d'une apologie. Il nous faut à présent une analyse plus complète, une recherche exacte des sources, une critique approfondie; et le livre de M. Chatterton-Hill vient trop tard, après les articles de M. Andler, après les livres de M. Daniel Halévy et de M. René Berthelot.

Il Comico, par Giulio A. Levi. 1 vol. in-8 de 134 p., Gênes, Formiggini, 1913. — Dans la préface M. G. A. Levi nous dit tant de bien de son ouvrage, qu'il faudrait être très malveillant pour ne pas reconnaître à son livre quelque valeur. A titre de « garantie » l'auteur fait un exposé critique trop long des théories proposées sur le comique, afin de montrer qu'elles sont fausses ou insuffisantes, la sienne seule étant « vraie ». Bornons-nous à quelques indications sur cette première partie qui renferme beaucoup de subtilité et souvent de l'injustice ou de l'imprécision.

Les théories de Kräpelin et de Lipps ont pour point de départ une analyse du comique de l'objet : c'est là une erreur. Les mêmes objets ne font pas naître chez tous les hommes le sentiment du comique : « l'analyse de l'impression comique doit précéder l'analyse de l'objet qui la produit » (p. 11). L'auteur examine ensuite longuement les théories de M. Bergson et de Schütze. A M. Bergson il reproche de confondre le comique et le rire, de soutenir aussi que le sentiment du comique ne s'éprouve qu'en société et qu'il a pour origine « du mécanique appliqué sur du vivant ». Sa conception ainsi que certains exemples se retrouvent d'ailleurs et en des termes très analogues (p. 41, n° 1) esquissés dans l'ouvrage de Schütze (*Versuch einer Theorie des Komischen*, Leipzig, 1817). De la théorie de ce dernier, M. G. A. Levi retient que le comique doit se définir « en rapport avec la liberté » (p. 82), puis il expose sa conception personnelle, dont il montre — trop longuement d'ailleurs — les origines historiques.

En face des êtres conscients deux attitudes sont possibles. Ou bien nous les reconnaissons comme doués de liberté, nous les prenons au sérieux. Ou bien nous ne les reconnaissons pas comme des « personnes », nous ne les prenons pas au sérieux. Une personne est comique, lorsque « en niant sa réalité éthique, qui est finalité libre, nous en mettons à nu les limites », lorsque ses actes ne témoignent pas d'une vie intérieure personnelle. L'auteur fait jouer un grand rôle à l'obstination, à « l'aveuglement spirituel », mais n'est-ce pas là une des idées fondamentales de la théorie bergsonienne contre laquelle il a si vivement protesté? D'autre part, parmi les actes qui ne sont pas

libres, pourquoi certains seulement ont-ils le privilège d'être comiques?

Mettant ensuite sa théorie à l'épreuve (3e partie), M. G. A. Levi dépense beaucoup d'ingéniosité pour en montrer la valeur; mais, refusant de s'adresser à l'idée de « raideur » pour ne songer qu'à celle d' « intérêts spirituels », il en arrive à des explications puériles : c'est ainsi qu'une difformité devient comique parce que l'individu « la porte sans s'en apercevoir ». De plus, faire abstraction du contenu psychologique d'une personne, n'est-ce pas reprendre l'idée si critiquée du « mécanisme »?

Plus originale est l'explication du comique de mots, qui consiste à reproduire tout l'extérieur du raisonnement : « Un raisonnement absurde est une forme sans substance » ou une forme liée à une substance qui ne lui appartient pas. Signalons enfin d'intéressantes observations sur le comique de caractère et de situation.

Malgré beaucoup d'imprécision dans la pensée et de flottement dans la composition, sachons gré à M. G. A. Levi ne nous avoir donné des exemples intéressants et ingénieux, et de nous avoir montré qu'une des sources du comique était la méconnaissance « de la réalité éthique ».

La Fantasia Estetica, par Adolfo Levi. 1 vol. in-8 de 262 p., Florence, B. Seeber, 1913. — Cet ouvrage très documenté pèche par une mise en œuvre hâtive et vaut par les observations de détail plus que par l'ensemble. Dans la première partie, « L'imagination artistique et ses produits », l'auteur, après avoir distingué dans la fonction inventive la forme supérieure (*fantasia*) et la forme inférieure (*immaginazione*), met en lumière l'autonomie de l'imagination artistique, et recherche les caractères spécifiques de l'œuvre d'art.

L'œuvre d'art doit être simple et une; l'unité artistique, c'est « l'unité de la vie et du sentiment, et non pas celle des schèmes de la pensée abstraite » (p. 35); l'artiste exprimera-t-il le général ou l'individuel? La conception classique « confond l'art avec la connaissance théorique »; mais d'autre part « toute production individuelle n'est pas artistique ». L'individualité artistique, c'est la marque donnée par la personnalité de l'artiste à des sentiments universels, c'est le général subissant la différence des caractères et des tempéraments, idée exprimée bien souvent et que l'auteur illustre à l'aide de trop nombreux exemples.

Il y a trois degrés dans la beauté, « qualitatif, expressif, suggestif »; et les véritables créations artistiques ont une « structure organique » telle, qu'on ne peut rien leur ajouter ou rien leur retrancher.

Dans la deuxième partie de son ouvrage, de beaucoup supérieure à la première, M. A. Levi étudie « le fonctionnement de l'imagination artistique ». La genèse d'une œuvre d'art comprend trois moments, « inspiration. création, exécution »; l'auteur en étudie les rapports : que devient la vision initiale ?

Ce qui distingue les artistes, ce n'est pas la technique, mais l'inspiration (thèse d'ailleurs insuffisamment démontrée par l'auteur). L'inspiration a pour condition nécessaire un « état de tension générale de l'esprit » (p. 122); mais en elle-même la révélation garde toujours un caractère mystérieux. Elle est tantôt vision d'ensemble (« les Maitres Chanteurs ») et tantôt comme un point autour duquel se groupent les éléments du travail artistique (*Salammbô*). L'artiste éprouve ensuite un sentiment de contrainte, puis de libération : le moment créateur intervient. Pendant cette période de maturation silencieuse, l'artiste voit se soulever devant lui une série de voiles qui laissent apparaitre l'intuition première sous des formes de plus en plus concrètes; il passe de la souffrance à la joie; la création est libération. La réflexion et le facteur volontaire dirigés par le sens de l'harmonie jouent ici un rôle important; de nouvelles inspirations sont aussi susceptibles d'enrichir le germe primitif ou de le transformer complètement. A l'aide d'exemples fort intéressants et empruntés aux manifestations artistiques les plus diverses, M. A. Levi nous montre les oscillations de ce processus infiniment complexe. Le troisième moment est « l'exécution ». L'auteur se borne le plus souvent à nous livrer ici des citations sans commentaire, et cette partie n'a pas reçu l'ampleur qui lui convenait.

L'étude de M. A. Levi, souvent trop générale et parfois d'une analyse psychologique insuffisante, reste précieuse par la solidité de sa documentation et l'effort d'interprétation.

Correnti di Filosofia Contemporanea a Cura del Circolo Filosofico di Genova. 1 vol. in-8 de 144 p., Gênes, Formiggini. 1913. — Ce recueil de conférences faites à la Société de Philosophie de Gênes sur les sujets les plus divers ne renferme aucune indication sur « les courants de la philosophie contemporaine », comme son titre permettrait de le supposer.

Signalons, parmi les plus importants, l'article de Roberto Benzoni, *Filosofia e Religione*, où l'auteur, s'inspirant de la méthode kantienne, distingue dans les phénomènes religieux « l'apport de l'expérience et la fonction de l'esprit ». La philosophie est, selon M. Benzoni, une « forme de la connaissance »; la religion « une forme de la vie, une réaction totale de l'homme en face de la réalité ».

L'article de F. Momigliano, *Roberto Ardigò e la crisi del positivismo*, met bien en lumière les caractères du positivisme italien et ses rapports avec le positivisme français et anglais; celui de R. Savelli, *il concetto e la filosofia*, renferme de bonnes, mais trop brèves indications sur la philosophie de Croce et ses rapports avec celle de Hegel.

Rousseau nella Formazione della Coscienza Moderna (Extrait de la *Rivista Pedagogica*, Ann. VI, vol. I., fasc. 3, déc. 1912), par Rodolfo Mondolfo. 1 vol. in-8 de 48 p., Genève, Formiggini, 1912. — C'est à tort, selon M. Mondolfo, que Gomperz a rapproché Rousseau des Cyniques : lorsque Rousseau parle d'un retour à la nature, il s'agit uniquement pour lui de retrouver l'humanité, et non l'animalité, de revenir à la vie, à la vérité intérieures. Jusqu'à lui, en effet, le subjectivisme philosophique est intellectualiste. C'est lui qui donne la formule du subjectivisme sentimental. C'est là ce qui le sépare le plus profondément de l'École encyclopédique, préoccupée avant tout de la connaissance de la nature et de l'ordre extérieurs. De ce subjectivisme sentimental résultent des conséquences morales, l'amour de soi, qui n'est point l'amour-propre, mais l'amour de ce qu'il y a d'humain en nous, et l'affirmation de la liberté. La liberté est un droit et un devoir, une exigence de la dignité morale. C'est en donnant au principe individualiste son sens humain, et non pas égoïste, qu'on peut résoudre le problème des rapports entre l'homme et la société, entre le droit naturel et le droit politique, entre la liberté et la volonté générale. Car la volonté générale n'est pas la volonté de tous. Elle n'est pas la somme quantitative des amours-propres, mais plutôt la synthèse qualitative « des amours de soi ». Aussi chacun, en obéissant à la loi, expression de la volonté générale, n'obéit en vérité qu'à lui-même.

C'est après avoir analysé ces principes que l'auteur recherche l'influence de Rousseau dans la formation de la conscience moderne. Il la voit un peu partout, dans la philosophie de Kant et de ses disciples, chez Fichte, dans tout le mouvement littéraire des romantiques aux naturalistes, de Goethe et de Hugo à Zola, dans l'anti-intellectualisme de Maine de Biran et de Feuerbach, dans la philosophie religieuse de Hamann, Herder et Jacobi, dans la morale de Tolstoï. Dans l'ordre des faits politiques et sociaux. son action n'est pas moindre, et les théories du droit démocratique moderne d'une part, les doctrines socialistes de l'autre, se sont, dans une large mesure, inspirées de la pensée de Rousseau.

REVUES ET PÉRIODIQUES

Philosophisches Jahrbuch der Görris-Gesellschaft, herausgegeben von Dr Const. Gutberlet. Fulda, 1912-1913.

Band XXV, Heft 1. — *Ueber die Philosophie von Henri Bergson*, par Cl. Baeumker (p. 1-23). Exposé des principes directeurs et des conclusions essentielles du bergsonisme. Conclut que la philosophie de Bergson est de haute portée surtout en tant qu'elle constitue un effort vigoureux pour échapper au matérialisme et à un positivisme destructeur de toute métaphysique. Mais il demeure certain que celui qui ne se satisfait pas d'un simple théisme peut bien apprendre de Bergson beaucoup de choses, il ne peut pas se dire bergsonien. — *Im Kampfe um die Seele* (p. 24-48), par C. Gutberlet. Le monisme matérialiste fait de grands progrès, à tel point que de philosophique il devient populaire. L'auteur critique les soi-disant fondements scientifiques qu'on prétend lui trouver dans la psychologie et montre que non seulement elle n'apporte au monisme aucune confirmation, mais qu'elle en est, au contraire, la radicale négation. — *Begriffsbildung und Abstraktion*, par E. Fränkel (p. 49-66) : 1° La formation du concept ; 2° Abstraction et détermination ; 3° La pensée abstraite et l'abstraction idéante ; 4° Les concepts pris comme concepts d'une part et, d'autre part, comme objets. — *Probleme der Begriffsbildung*, par W. Switalski (p. 67-84), appréciation critique de l'idéalisme transcendental basée sur la confrontation de la doctrine aristotélicienne de la connaissance avec l'idéalisme néo-kantien.

Heft 2. — *Die Erkenntnislehre des Suarez*, par M. Leckner (p. 125-150) : 1° Les formes intelligibles ne sont pas, selon Suarez, abstraites suivant le mode décrit par saint Thomas. Sa doctrine se rapproche sur ce point de celle d'Augustin, et il n'est pas le seul à cette époque dont la doctrine sur l'origine des formes intelligibles soit teintée d'augustinisme. 2° Sur la connaissance du monde extérieur, il soutient que l'intellect connaît le singulier par un concept propre et distinct, qu'il appréhende le singulier matériel par sa propre espèce, et qu'il l'appréhende directement sans réflexion. 3° Sur la connaissance du général, Suarez s'éloigne de saint Thomas, mais s'accorde avec lui sur le problème des universaux. — *Zur Frage der Objektivität der Sinnesqualitäten*, par D. Feuling (p. 151-170). Position du problème ; discussion sur les questions de savoir s'il y a accord formel ou seulement relation causale entre le sens et l'objet, si l'objet est donné au sens immédiatement ou par une espèce sensible, s'il y a activité productrice du sens ou simple phénoménalisme. — *Der Schönheitsbegriff der Hochscholastik*, par Minjon (p. 171-185). Recueil de textes scolastiques relatifs au concept du beau, et détermination de la doctrine qui s'en dégage. Le beau serait défini comme *claritas proportionis* ou *splendor ordinis*.

Heft 3. — *Die Weiterentwicklung der Atomistik in der neuesten Zeit*, par A. Linsmeier (p. 325-336). 1° L'hypothèse des électrons ; 2° La masse d'une molécule de rayon cathodique ; 3° Calcul de la masse de l'électron ; 4° Le radium, l'émanation et l'hélium ; 5° Dénombrement des molécules d'hélium ; 6° Masse électromagnétique. Conclut qu'il est excessif de soutenir que toute la matière peut se résoudre finalement en électrons. — *Die Engel und Dämonenlehre des Andr. Cäsalpinus*, par E. Breit (p. 337-352). Place des démons dans l'ordre universel selon Césalpinus, théorie, fondée sur l'expérience, de leur activité dans le monde. L'induction et l'expérience permettent de critiquer les quatre fondements de la démonologie : l'imposture, la sorcellerie, la prédiction, la guérison des maladies. Nature et explication des rapports qui peuvent s'établir entre le démon et l'homme. — *Das Realitätsproblem in der modernen Philosophie*, par M. Heidegger (p. 353-363). Introduction historique suivie d'une discussion de ces quatre questions : la position d'un réel est-elle possible? Comment la position d'un réel est-elle possible? La définition du réel est-elle possible? Comment la définition du réel est-elle possible? — *Studien zur Geschichte der Frühscholastik* par J. A. Endres (p. 364-371). Notes sur Bovo II, abbé de Corvey en Saxe (900-919) et Fulbert de Chartres. — *Name und Begriff der Synteresis (in der mittelalterlichen Scholastik)* par R. Leiber (372-392). Recherches sur les origines patrologiques de l'expression « synteresis » ; détermination du contenu de ce concept dans la scolastique médiévale (A. de Halès, Bonaventure, Henri de Gand, Thomas d'Aquin,

Duns Scot et les scolastiques postérieurs).

Heft 4. — *De Universalibus juxta Doc-torem eximium, Franciscum Suarez*, par A. TEIXIDOR (p. 445-461). Résume, sans s'astreindre à suivre le détail des textes, la doctrine de Suarez sur l'élaboration des universaux par l'intellect et la connaissance directe des singuliers matériels. — *Ueber die Möglichkeit einer aktual unendlich grossen Menge von existierenden Dingen; ebenso einer aktual unendlichen Grösse*, par G. NINK (p. 462-476). Définition de l'infini; une infinité actuelle de choses simultanées est impossible; une grandeur d'étendue actuellement infinie est impossible; une multitude de choses successives ne peut pas être actuellement infinie; un mouvement éternel est impossible: solution des difficultés. — *Friedrich der Grosse über Rousseau*, par ST. SCHINDELE (p. 477-486). Ce que « le philosophe de Sans-souci » pensait « du philosophe sauvage ». — *Ueber Name und Begriff des Synteresis*, par AD. DRYOFF (p. 487-489). Quelques textes sur l'origine de ce mot. — *Ueber die psychischen Fähigkeiten der Insekten*, par C. GUTBERLET (p. 490-494). Résumé des travaux de Forel sur la psychologie des insectes.

Band XXVI, Heft 1. — *Differenzielle Psychologie*, par C. GUTBERLET (p. 1-21). But que se propose la psychologie différentielle, connue en France sous le nom de caractérologie; ses méthodes sont celles de l'observation extérieure. Son objet est la description des variations du sujet psychologique, la détermination des types et leur classification, les lois qui régissent la corrélation entre les éléments du caractère, le problème de l'individualité. — *Vaihingers Philosophie des Als Ob*, par W. SWITALSKI (p. 22-43). Récension précise et critique du livre où Vaihinger tente une synthèse entre l'*a priori* kantien et les tendances du pragmatisme contemporain. — *Der Anpassungscharakter der spezifischen Sinnesenergien im Lichte der vergleichenden Psychologie*, par M. ETTLINGER (p. 44-67). Le problème de la spécificité des sens se pose tout autrement qu'à l'époque où Müller formula cette loi. En utilisant les résultats de la psychologie animale on se trouve conduit à une théorie de l'adaptation; cette solution supposant un monde extérieur réel doué de qualités réelles, elle aboutit pour l'observation scientifique, à une réhabilitation de l'aristotélisme. — *Die Seele als formgestaltende Macht*, par O. RUTZ (p. 68-84). L'âme modifie le corps afin de s'exprimer par lui; elle ne s'exprime pas seulement par le visage, mais par le corps tout entier. Il y a des types d'attitudes corres-

pondant aux types mentaux; mais le psychique n'impose pas simplement sa forme au physiologique, il l'impose encore aux produits de l'activité humaine, notamment aux œuvres d'art qui peuvent être également classées de ce point de vue. — *Studien zur Geschichte der Frühscholastik*, par J.-A. ENDRES (p. 85-93). Notes sur le mouvement dialecticien au XI° siècle; peu de textes nous en restent, mais il a dû prendre une extension considérable. Anselme le péripatéticien représente le type de ce qu'ont été sans doute les philosophes de cette école.

Heft 2. — *Die Gestalt der platonischen Ideenlehre in den Dialogen « Parmenides » und « Sophistes »*, par P. SCHMITFRANZ (p. 125-145). On peut distinguer dans la pensée platonicienne deux périodes, dont l'une, la période socratique, s'achève avec la République, et dont l'autre, caractérisée par une revision de toute la philosophie platonicienne, et spécialement de la théorie des idées, commence avec le Parménide et le Sophiste. La présente étude porte sur la forme nouvelle que reçoit la théorie des Idées dans ces deux dialogues. — *Zu dem Gottesbeweise des hl. Thomas aus den Stufen der Vollkommenheit*, par E. ROLFES (p. 146-159). Réponse aux remarques du P. Kirfel sur l'interprétation de la preuve thomiste par les degrés de l'être. Maintient la position qu'il avait adoptée dans son travail: *Die Gottesbeweise bei Thomas von Aquinas und Aristoteles*, notamment en ce qui concerne le caractère platonicien de la preuve. — *Studien zur Geschichte der Frühscholastik. Berengar von Tours*, par J. A. ENDRES (p. 160-169). Brève mise au point de ce que nous savons sur la vie de Bérenger de Tours, recueil des appréciations portées sur son œuvre. On a voulu en faire un nominaliste; mais ce qui le caractérise essentiellement c'est qu'il est un rationaliste, ou, pour employer le langage de l'époque, un dialecticien. — *Die erste katholische Kritik an Kants Grundlegung zur Metaphysik der Sitten*, par CL. KOPP (p. 170-177). Étude sur la critique de la morale kantienne développée, en 1788, par Stattler dans son Anti-Kant.

Heft 3. — *Eine kritische Untersuchung über das Denken im Anschluss an die Philosophie Wilhelm Wundts*, par F. GRÜNHOLZ (p. 305-327). — Montre par quelques exemples que Wundt s'est engagé dans d'inextricables contradictions pour avoir adopté une conception trop étroite de la pensée. — *Der Streit um die Relativitätstheorie*, par C. GUTBERLET (p. 328-335). Marque les positions adoptées par ceux qui admettent comme par ceux qui contestent que l'investigation du physicien porte seulement sur le mouvement relatif. Résume la controverse entre Gehrcke et Born d'après « Die Naturwissenschaften » 1912, n°ˢ 3 et 4. — *Zur Psychologie des Zweifels*, par D. FEULING (p. 336-348). On analyse trop sommairement, en général, cet état psychologique qu'est le doute. L'auteur estime que le doute, au sens étroit, est l'état d'un esprit conscient de la contradiction qui s'établit entre deux jugements également acceptables. Au sens large, c'est un état complexe d'ordre à la fois intellectuel et affectif, caractérisé par le trouble dans lequel se trouve un esprit lorsqu'il flotte entre deux certitudes contradictoires sans parvenir ni à se fixer, ni à se désister de sa recherche. — *Studien zur Geschichte der Frühscholastik. Gerard von Czanad*, par J. A. ENDRES (p. 349-359). Étude sur ce disciple de S. Romuald; on peut le classer parmi les anti-dialecticiens, ou même le considérer comme le précurseur des anti-dialecticiens du xiᵉ siècle. Son langage présente des ressemblances littérales avec celui que tiendra Saint-Pierre Damiani. — *Die Realisierung*, par A. GEMELLI (p. 360-379). Recension détaillée du livre de O. Külpe (même titre), t. I, Leipzig, 1912.

Heft 4. — *Neueste Theorien über die Konsonanz und Dissonanz*, par C. GUTBERLET (p. 421-450). Exposé des théories les plus récentes sur la consonance et la dissonance (W. Goldschmidt, Hornbostel, Helmholtz, etc.) sur la nature et les éléments de la mélodie, sur la distinction des modes majeur et mineur. — *Friedrich Nietzsches Erkenntnistheorie*, par M. DEMUTH (p. 451-485). Les rapports entre la pensée de Schopenhauer et celle de Nietzsche (le phénoménisme, conception de la philosophie et de la vérité). Son évolution du volontarisme à un intellectualisme positiviste. Sa conception du moi et de la substance pensante, de la causalité, de l'espace et du temps, de la connaissance et de la conscience. Nietzsche a passionnément cherché la vérité, mais il est parti de faux principes; il ne pouvait donc obtenir des résultats satisfaisants. — *Kants Lehre vom Bewusstsein*, par F.-M. SLADECZCK. La conception kantienne du sens intime; comment la diversité sensible est réduite à l'unité des objets. — *Zum philosophischen Schaffen G. Freiherrn von Hertlings*, par H. KUSTER (p. 493-502). Brève analyse et bibliographie des principaux travaux de F. von Hertling.

Voprossi po psychologuii i filosofji, 1912 (fasc. 111, 112, 113, 114, 115): W. M. KHWOSTOW : *Le problème moral de l'humanité* (fasc. 111). L'auteur veut démontrer que la tâche suprême de l'humanité doit être dirigée vers l'établissement d'une harmonie complète dans le monde qui est loin d'être réalisée actuellement. Pour résoudre le problème du devoir moral, il est indispensable de recourir à la raison pratique, mais non pas à la raison théorique.

Notre libre activité créatrice n'a sa valeur qu'autant que nous nous exposons à quelque risque; notre propre existence gagne en valeur, si l'être est élastique et inachevé. Ce n'est que sous cette condition que nous pouvons avoir conscience de notre influence sur les événements.

L'homme doit agir comme le lui commande le sentiment de sa dignité : c'est elle, en effet, qui nous élève au-dessus de la médiocrité et de l'uniformité du niveau général et nous force à aspirer vers l'idéal d'une vie meilleure.

La morale de la dignité est une morale dynamique, ce n'est pas une morale de repos et de contentement de soi-même, c'est plutôt la morale du perfectionnement continuel.

S. N. BOULGAKOW : *L'homme-dieu et l'homme-animal* (fasc. 112). — Cet article est consacré à l'examen des deux œuvres posthumes de L. N. Tolstoï, « Le Démon » et « Le Père Serge ».

Pour l'auteur le problème fondamental de la vie spirituelle, l'éternel problème du mal et du péché dans l'âme humaine est résolu dans ces travaux avec un art incomparable dans le sens le plus pessimiste. La thèse de ces deux récits est la même : l'horreur de la vie, le sentiment de la puissance du mal qui, sans appui moral en dehors de soi, sans le secours bienfaisant du repentir, sans l'espoir de la régénération, doit conduire ou bien à une complète insensibilité morale ou bien au désespoir.

Après une analyse détaillée des « Frères Karamazow » de Dostojewski, l'auteur conclut que la thèse de cette œuvre est identique à celle des récits de Tolstoï. La lutte que l'esprit humain doit mener dans ses aspirations vers Dieu et le mystère de la naissance et du mal spirituel sont exprimés chez Tolstoï et chez Dostojewski avec un art incomparable.

L'auteur n'est pas d'accord avec Tolstoï; il exige plutôt avec Dostojewski que l'homme chante des hymnes à la joie, même dans les moments les plus douloureux de l'existence, même lorsqu'il a le cœur déchiré.

L. GABRILOWITSCH : *Le solipsisme extrême* (fasc. 112). — L'auteur caractérise les tendances contemporaines dans la philosophie comme une lutte contre le solipsisme. Il fait une critique détaillée du solipsisme extrême, pour lequel il n'y a pas d'autres moments du temps, que le présent.

Tous les essais pour combattre ce solipsisme tendent à une critique de la conception du « donné » sur lequel se base le solipsisme tout entier. L'auteur distingue ici deux courants. Selon le pur transcendentalisme, le « donné » est inexprimable; pour la pensée, étant quelque chose d' « irrationnel », il ne peut pas nous donner une connaissance. Selon l'intuitionnisme au contraire, le « donné » n'est pas seulement la conscience, mais aussi les choses dont nous sommes conscients. Aux yeux de l'auteur ces deux essais n'aboutissent pas à un résultat satisfaisant. Le pur transcendentalisme met face à face, d'une part, certaines vérités qui sont sans aucune explication, et d'autre part une réalité inexprimable, qui nous reste inconnue: il est impossible de créer une connaissance scientifique avec des éléments pareils. L'intuitionnisme ne peut pas non plus surmonter les difficultés du solipsisme, il confond toujours l'indépendance du sujet avec son arbitraire.

Pour combattre le solipsisme il faut, selon l'auteur, envisager la question du « passé », la question du rapport des souvenirs actuels avec les souvenirs qui ne sont pas présents, considérer le « donné » comme ayant une base tout à fait illimitée. Nous pouvons ainsi constater qu'outre les données présentes il en existe encore qui ne sont pas présentes pour la conscience : à la limite des éléments observables, il existe un monde entier d'éléments que nous ne connaissons pas, mais que l'expérience ne peut pas nier.

Nous devons renoncer à la pensée que ce n'est que le présent qui nous est donné et que le « passé » et l'« avenir » sont construits. L'étendue temporelle nous est donnée dans ce fait incontestable que chaque élément, dont nous avons l'intuition, n'est qu'un anneau unique dans la chaine illimitée des autres éléments. La qualité de cette chaine même est inconnaissable pour nous, mais son existence est une réalité pour nous.

N. Winogradow : *La pédagogie comme science et comme art* (fasc. 113). — Pour l'auteur la pédagogie contient un élément important qui caractérise surtout l'art. On est ici en présence d'une activité dans laquelle la création individuelle joue un rôle capital, elle ne deviendra probablement jamais une science exacte. Les travaux les plus importants de la psychologie individuelle contemporaine,

surtout de la psychologie de l'âge enfantin, ont pour objet principal de leurs recherches les fonctions intellectuelles. Quant aux états émotionnels et volontaires, s'ils sont beaucoup moins accessibles aux méthodes expérimentales de la psychologie individuelle, ils sont tout de même plus étroitement liés à la nature de l'individualité même.

Pour mieux connaître la vraie nature de l'individualité enfantine, il faut recourir à l'intuition. La personnalité du pédagogue, comme tel, joue ici un rôle très important, sa puissance créatrice pénètre avec un plus grand succès ces profondeurs des états vécus par l'enfant qui sont inaccessibles aux méthodes des sciences exactes.

Comte E. Troubetzkoj : *Le but de la vie de Solowjew* (fasc. 114), *et la crise universelle de la conception de la vie*. — L'auteur donne en commençant un aperçu général du courant de la pensée de l'Europe occidentale et de la pensée russe, sous l'influence desquelles s'est formée la conception du monde de Solowjew, il insiste surtout sur l'influence de Schelling et des slavophiles.

Malgré leur différence, ces courants portent l'empreinte d'une même époque de la pensée : ils expriment tous la même « crise de la pensée religieuse et philosophique » dans l'Europe occidentale et dans la Russie. On proclame ici et là-bas « la fin de la philosophie théorique », et le même renversement des idées se produit : on passe du désespoir absolu à une conception du monde inspirée par le christianisme. Les deux courants de la pensée ont enfin le même idéal, à savoir l'intégralité de la vie. Solowjew est le vrai continuateur de cet idéal, qui devient pour lui le but de sa vie entière.

L'auteur distingue trois périodes dans l'activité littéraire de Solowjew. 1° Période « préparatoire » : le philosophe consacre tous ses efforts à donner une base théorique à tous les éléments principaux de sa conception du monde au point de vue philosophique et religieux. 2° Période « utopique »; Solowjew est surtout préoccupé de la réalisation de l'idéal chrétien de l'intégralité de la vie. 3° La troisième, la période « positive », présente un achèvement naturel et logique du développement spirituel de Solowjew qui est caractérisé par la lutte intérieure entre l'idéal chrétien du philosophe et ses utopies terrestres. Dans cette période définitive de sa vie le philosophe ne nie pas l'idéal chrétien de l'intégralité de la vie, au contraire il le développe et lui donne une forme accomplie. Solowjew est convaincu définitivement que la vraie intégralité de la vie est tout à fait impossible dans ce monde-ci où le péché et la mort dominent. Cet idéal sera réalisé dans la « résurrection générale » qui exprime la fin du monde dans un double sens — dans le sens de son but absolu et de la fin du « processus » de l'évolution mondiale.

W. Karpow : *Stahl et Leibniz* (Fasc. 114). — L'auteur expose dans cet article la mission historique du vitaliste Stahl et ses conflits avec Leibniz qu'il considère comme le représentant du mécanisme de son temps.

Stahl a donné une doctrine profonde et complète de l'âme, comme source unique de toute la vie organique. Cette doctrine doit avoir un intérêt capital, même pour notre temps qui est témoin d'une nouvelle lutte acharnée entre la conception organique de la nature avec le concept mécaniste du monde.

Les idées physiologiques et pathologiques de Stahl sont développées dans son grand travail *Theoria medica vera* paru en 1708. L'âme est « la source de tous les mouvements dans la nature ». L'âme humaine, qui est tout entière dans la vie immédiate, ne se souvient pas de ce fait, le souvenir se produisant indirectement par la réflexion. C'est cette thèse qui résume la conception de Stahl et qui doit être considérée en même temps comme la prémisse fondamentale de la philosophie organique de la nature.

Dans ces raisonnements de Stahl, Leibniz a remarqué l'apparition de ces mêmes doctrines sur les « natures plastiques » et les « archées » qu'il combattait auparavant : il jugeait donc indispensable de réfuter les doctrines de Stahl. Cette longue polémique a eu pour résultat la séparation complète de ces deux esprits éminents qui cependant admettaient tous deux la nécessité d'une conception organique de la nature. Selon l'auteur, la Philosophie de la Nature de Leibniz n'est pas tout à fait achevée, elle aurait pu être organique seulement si Leibniz avait admis aussi « les natures plastiques » comme la base des corps organiques.

Le centre de gravité de la philosophie de Leibniz se trouvait dans les monades, « ces vrais atomes » de la nature, que le philosophe a identifié avec l'âme immatérielle. En donnant un aperçu général sur le sort des doctrines liées aux noms de Stahl et de Leibniz, l'auteur conclut que la lutte de Stahl et de Leibniz, du mécanisme et du parallélisme d'un côté, d'une vivante action réciproque de l'âme et du corps d'autre côté, continue jusqu'à nos jours.

L. Lopatin : *Le spiritualisme comme système moniste de la philosophie* (fasc. 115). — La vérité philosophique ne peut être cherchée, selon l'auteur, que dans les systèmes monistes qui doivent supposer l'uniformité intérieure de la nature fondamentale des choses, autant que celles-ci ont une existence propre à côté de nous et indépendamment de nous.

Il analyse donc en détail les trois types principaux de la conception moniste du monde : 1° le matérialisme; 2° l'agnosticisme ou le nouménalisme; 3° le spiritualisme.

Pour bien juger de la valeur de ces trois théories métaphysiques, l'auteur admet comme critère que cette dernière théorie métaphysique est seule capable de nous rendre intelligible le contenu immédiat de notre expérience subjective, qui atteint son but. En démontrant que ni le matérialisme, ni le nouménalisme ne répondent à cette condition principale, l'auteur analyse en détail le spiritualisme.

Le spiritualisme admet comme point de départ de ses spéculations que la vraie réalité se trouve seulement là où est présent l'élément spirituel ou subjectif de l'être.

Du point de vue spiritualiste les résultats de l'expérience extérieure sont seulement relatifs. Le spiritualisme ne prétend pas non plus posséder la connaissance absolue des choses; d'après cette philosophie nous pouvons avoir une connaissance adéquate seulement de nous-mêmes et de nos états vécus intérieurs dont nous sommes conscients.

Quant au reste du monde nous ne connaissons que les qualités, les conditions et les liaisons intérieures les plus générales des choses existantes.

Le spiritualisme, conformément à ses idées fondamentales, se refuse enfin de donner une construction aprioristique de l'évolution du monde et une déduction détaillée de toutes les formes individuelles de la vie. Selon l'auteur, le panlogisme et le matérialisme ont seuls des pareilles prétentions.

J. Kholopow : *La nature de l'intuition* (fasc. 115). — Tout en admettant que la critique contemporaine du schématisme rationnel est légitime, l'auteur n'accepte pas cependant la conception instrumentaliste de la vérité. Cette conception supprime, selon lui, notre croyance au caractère général de la vérité et à notre connaissance scientifique qui se fonde sur cette vérité : elle mène ainsi à une demi-croyance, à un demi-scepticisme, au rela-

tivisme qui caractérise tous les domaines
de notre savoir contemporain.

L'auteur analyse la philosophie de
Bergson et de William James, considérés
comme les deux plus célèbres représen-
tants de ce courant. Bergson a raison,
selon lui, dans la mesure où il souligne
le principe du changement dans l'être, mais
lorsqu'il réfute en même temps la conception statique de la réalité, ce philosophe
tombe dans un phénoménalisme exagéré.
Outre le continuel changement des divers
états, nous devons distinguer dans la vie
de la conscience un noyau indestructible
autour duquel se forme la vie de notre
âme. Or cet indestructible côté de la réalité psychique est tout à fait ignoré par
Bergson. Si la métaphysique de Bergson
ne veut pas être une croyance aveugle,
mais, au contraire, donner une justifi-
cation scientifique et systématique de ses
fondements, elle doit aussi recourir aux
mêmes concepts que Bergson, selon l'auteur, détruit sans preuve. La nature de
l'intuition est telle, que si la connaissance fournie par elle ne trouve pas un
point d'appui dans les concepts, elle se
dissipe au moment même où elle se forme.

Dans le processus vivant du travail
créateur de notre conscience, on ne peut
pas faire ressortir l'intuition comme un
acte spécifique et indépendant de notre
esprit qui agit dans la connaissance.
L'intuition n'est qu'un des moments de
notre activité cognitive. A vouloir le séparer de toute expression intellectualiste,
nous trahissons la cause de la raison,
nous assignons aux choses un commencement obscur et inconscient.

Dans le domaine de la théorie de la
connaissance, l'irrationalisme et la réhabilitation de l'instinct ne peuvent pas
satisfaire l'auteur. La grande tâche de la
philosophie doit être de soutenir dans
les sciences naturelles un point de vue
téléomécaniste, a construire une psychologie des idées-forces en la débarrassant
des tendances monistes d'un volontarisme
et d'un évolutionnisme fataliste et
enfin à faire de la philosophie religieuse une métaphysique rationaliste en
réaction contre les théories mystiques
actuellement prédominantes.

Signalons encore dans les fascicules
114 et 115 un long travail sur la « Conception philosophique » de Salomon Majmon,
par B. Iakowenko.

LA PHILOSOPHIE
DANS LES UNIVERSITÉS

(1913-1914.)

(Suite et fin.)

Bordeaux.

Histoire de la philosophie : M. Th. Ruys-
sen, professeur. — Cours public : *Les
Théories de la substance de Descartes à
Hume.* — Conférences d'agrégation : Explications d'auteurs du programme :
Aristote, *Physique,* liv. I; Spinoza, *Éthique,* liv. V; Schopenhauer, *Le Monde
comme Volonté et comme Représentation,*
liv. IV. — Conférences de licence :
Explication des auteurs du programme.

Nancy.

Philosophie : M. P. Souriau, professeur.
— Le mardi : à quatre heures et demie :
Cours public : *Les Positions actuelles du
problème métaphysique.* — Le vendredi, à
dix heures : Conférence : Préparation à
la licence, exercices pratiques; — Le
samedi, à dix heures : Conférence d'histoire de la philosophie. *Le Cartésianisme.*

Rennes.

Philosophie : M. Darbon, maître de
conférences. — I. *Les Théories de la logique
moderne;* — II. Explication des textes
portés au programme de la licence.

INFORMATIONS

On se serait sans doute trompé en
pensant que le mouvement philosophique
intense qui se manifeste actuellement en
Allemagne suivrait les seules voies de
l'idéalisme traditionnel. La fondation
d'une Société de Philosophie positiviste
en est la meilleure preuve : parmi les
fondateurs nous relevons des noms,
connus ou illustres, de philosophes et de
savants, tels ceux de M. Petzoldt, le
disciple d'Avenarius, du physiologiste
Verworn de Bonn, du biologiste Loeb de
New-York, du mathématicien Klein de
Göttingen, de Hilbert, Enriques, Müller-
Lyer, Tönnies, Schuppe, Rignano, Jensen,
du juriste von Liszt, du physicien
Einstein, de F. C. S. Schiller d'Oxford,
de Mach, de l'historien Lamprecht, etc.

Leur désidératum commun est la constitution d'une philosophie générale qui unirait et synthétiserait les sciences positives et leurs résultats, qui serait fondée sur les faits réunis et élaborés par ces sciences, qui serait l'image et le produit à la fois de l'expérience scientifique. Cette philosophie ne serait pas étrangère aux sciences, elle ne s'imposerait pas du dehors aux savants, elle serait l'émanation et le fruit même de leurs travaux. La conception mécaniste de la nature ne répond plus depuis longtemps à un tel desidératum, comme le prouvent l'*Ignorabimus* de Du-Bois-Reymond et la faveur dont jouit aujourd'hui le néo-vitalisme. Quant à la philosophie dominante, kantienne ou d'origine kantienne, elle méconnaît très généralement ce besoin, elle traite de problèmes qui n'ont qu'un faible intérêt pour quiconque a une culture scientifique, et elle est dans l'incapacité d'aborder sérieusement et par elle-même les questions que soulèvent les sciences de la nature. Le fait même que de généralisations en généralisations toutes les sciences, géométrie, arithmétique, physique, chimie, biologie, sociologie se trouvent nécessairement et légitimement amenées à poser des questions d'ordre philosophique, ce fait même rend d'autant plus souhaitable la constitution d'une philosophie empiriste, positiviste, ennemie des spéculations métaphysiques et des doctrines « transcendentalistes » qui se prétendent critiques. Toutes les théories doivent être fondées sur les faits et trouver dans les faits leur critère.

La Société de Philosophie positiviste, qui formule ainsi son programme, et qui compte déjà plus de cent cinquante membres, publie une revue trimestrielle, la *Zeitschrift für positivistische Philosophie* (Berlin, Tetzlaff) dont le premier numéro a paru le 31 mars dernier : à en juger seulement par ce numéro, l'inspiration de l'empiriocriticisme d'Avenarius paraît devoir dominer dans la Société et la revue nouvelles. De toute façon, les noms dont on a cité plus haut quelques-uns sont d'assez sûrs garants que l'une et l'autre ne prendront pas le mot de positivisme dans un sens étroit et sectaire, que l'abandon de la métaphysique ne leur est pas inspiré par ce que Platon appelle misologie, et que la philosophie pourra réellement tirer profit de leurs travaux. Il n'est personne aujourd'hui qui ne déplore la dispersion de l'effort scientifique, qui ne ressente le besoin de poser les problèmes de la philosophie des sciences et qui ne désire mettre fin, s'il était nécessaire, aux déclamations vagues et faciles dont se contenta une autre génération. Nous sera-t-il permis de penser que depuis une vingtaine d'années nous avons aussi travaillé pour notre part au rapprochement des philosophes et des savants et à la constitution d'une philosophie générale, bien que nous n'ayons pas placé notre effort sous l'invocation des doctrines empiriste et positiviste?

ERRATUM

Dans le n° de novembre 1913, p. 744, ligne 23, au lieu de :

S'il est vrai que le polygone régulier peut être inscrit dans un cercle carré...

Lire :

S'il est vrai que tout polygone régulier peut être inscrit dans un cercle, le carré peut être inscrit dans un cercle.

Coulommiers. — Imp. PAUL BRODARD.